2019年主题出版重点出版物
"十三五"国家重点图书出版规划项目

绿色发展新理念
绿色出行

生态环境部宣传教育中心 ◇ 主编

人民日报出版社
北京

图书在版编目（CIP）数据

绿色发展新理念. 绿色出行 / 生态环境部宣传教育中心主编. -- 北京：人民日报出版社，2020.9
ISBN 978-7-5115-6408-5

Ⅰ. ①绿… Ⅱ. ①生… Ⅲ. ①绿色经济－经济发展－研究－中国 Ⅳ. ①F124.5

中国版本图书馆CIP数据核字(2020)第087656号

书　　名：	绿色发展新理念. 绿色出行
	LÜSE FAZHAN XIN LINIAN . LÜSE CHUXING
作　　者：	生态环境部宣传教育中心
出 版 人：	刘华新
责任编辑：	袁兆英　刘晴晴
封面设计：	邢海燕
出版发行：	人民日报出版社
社　　址：	北京金台西路2号
邮政编码：	100733
发行热线：	（010）65369509　65369527　65369846　65363528
邮购热线：	（010）65369530　65363527
编辑热线：	（010）65363105
网　　址：	www.peopledailypress.com
经　　销：	新华书店
印　　刷：	大厂回族自治县彩虹印刷有限公司
法律顾问：	北京科宇律师事务所 010-83622312
开　　本：	880mm × 1230mm　1/32
字　　数：	121千字
印　　张：	5.25
版次印次：	2020年9月第1版　2020年9月第1次印刷
书　　号：	ISBN 978-7-5115-6408-5
定　　价：	37.00元

习近平谈生态文明

加快生态文明体制改革,建设美丽中国。

——党的十九大报告

生态文明建设是关系中华民族永续发展的根本大计。生态兴则文明兴,生态衰则文明衰。

——在全国生态环境保护大会上的重要讲话

2018年5月18日

我们要建设的现代化是人与自然和谐共生的现代化,既要创造更多物质财富和精神财富以满足人民日益增长的美好生活需要,也要提供更多优质生态产品以满足人民日益增长的优美生态环境需要。

——党的十九大报告

生态环境是关系党的使命宗旨的重大政治问题，也是关系民生的重大社会问题。

——在全国生态环境保护大会上的重要讲话

2018年5月18日

我们既要绿水青山，也要金山银山。宁要绿水青山，不要金山银山，而且绿水青山就是金山银山。我们绝不能以牺牲生态环境为代价换取经济的一时发展。我们提出了建设生态文明、建设美丽中国的战略任务，给子孙留下天蓝、地绿、水净的美好家园。

——在哈萨克斯坦纳扎尔巴耶夫大学的讲演

2013年9月7日

倡导简约适度、绿色低碳的生活方式，反对奢侈浪费和不合理消费，开展创建节约型机关、绿色家庭、绿色学校、绿色社区和绿色出行等行动。

——党的十九大报告

编委会

总　　序：曲格平　　　顾　　问：解振华

主　　编：贾　峰　　　副 主 编：闫世东　张建宇

　　　　　　　　　　　　　　　　孙　越

执行主编：曾红鹰

《绿色发展新理念·绿色出行》

主　　　　编：王　瑾　刘敬奇

本书编写人员：许梦月　袁　轶　刘之杰　鄞婧轩

　　　　　　　张　琳　张　越

总　序

生态文明建设是关系中华民族永续发展的根本大计。党的十八大以来，以习近平同志为核心的党中央站在坚持和发展中国特色社会主义、实现中华民族伟大复兴中国梦的战略高度，把生态文明建设和生态环境保护摆在治国理政的重要位置，谋划开展了一系列根本性、开创性、长远性工作，推动生态文明建设从实践到认识发生历史性、转折性、全局性变化。

2018年5月召开的全国生态环境保护大会正式确立了习近平生态文明思想，这是大会最大的亮点，是标志性、创新性、战略性的重大理论成果。习近平生态文明思想内涵十分丰富，集中体现为生态兴则文明兴、生态衰则文明衰的深邃历史观，人与自然和谐共生的科学自然观，绿水青山就是金山银山的绿色发展观，良好生态环境是最普惠的民生福祉的基本民生观，山水林田湖草是生命共同体的整体系统观，用最严格制度保护生态环境的严密法治观，全社会共同建设美丽中国的全民行动观，共谋全球生态文明建设的共赢全球观。习近平生态文明思想是习近平新时代中国特色社会主义思想的重要组成部分，深刻回答了"为什么建设生态文明、建设什么样的生态文明、怎样建设生态文明"等重大理论和实践问题。

做好新时代生态环境保护工作，最根本的就是要深入学习贯彻习近平生态文明思想和全国生态环境保护大会精神。习近平总书记在全国生态环境保护大会上强调，要自觉把经济社会发展同生态文明建设统筹起来，加快形成绿色发展方式和生活方式。在2018年中央经济工作会议上，总书记将加快绿色发展作为我国重要战略机遇期的新内涵。党的十九大报告特别指出，我们要建设的现代化是人与自然和谐共生的现代化，既要创造更多物质财富和精神财富以满足人民日益增长的美好生活需要，也要提供更多优质生态产品以满足人民日益增长的优美生态环境需要。

推进绿色发展是实现人与自然和谐共生的必由之路。党的十九大报告指出，要加快建立绿色生产和消费的法律制度和政策导向，建立健全绿色低碳循环发展的经济体系。构建市场导向的绿色技术创新体系，发展绿色金融，壮大节能环保产业、清洁生产产业、清洁能源产业。推进能源生产和消费革命，构建清洁低碳、安全高效的能源体系。推进资源全面节约和循环利用，实施国家节水行动，降低能耗、物耗，实现生产系统和生活系统循环链接。倡导简约适度、绿色低碳的生活方式，反对奢侈浪费和不合理消费，开展创建节约型机关、绿色家庭、绿色学校、绿色社区和绿色出行等行动。我们要坚定不移贯彻绿色发展理念，进一步发挥生态环境保护的倒逼作用，加快推动经济结构转型升级、新旧动能接续转换，在高质量发展中实现高水平保护、在高水平保护中促进高质量发展。

如何把绿色发展方式和生活方式的新理念贯穿到中小学、大学、社区、家庭、乡村、企业、机关，让更多的人选择绿色出行、绿色消费，了解绿色学习中心、绿色建筑、绿色供应链，是我们在新时代践行绿色发展需要大力解决的实际问题。为此生态环境部宣传教育中心组织了有关部属单位以及清华大学、北京师范大学、首都师范大学、北京教育科学研究院、北京市环境保护宣传中心、江苏省环境保护宣

总　序

传教育中心、中环联合（北京）认证中心有限公司、公众与环境研究中心（IPE）等机构的数十位专家及学者共同编写了这套"绿色发展新理念·建设美丽中国"系列丛书。

"绿色发展新理念·建设美丽中国"系列丛书包括《绿色发展新理念·绿色乡村》《绿色发展新理念·绿色学校》《绿色发展新理念·绿色家庭》《绿色发展新理念·绿色机关》《绿色发展新理念·绿色企业》《绿色发展新理念·绿色大学》《绿色发展新理念·绿色消费》《绿色发展新理念·绿色建筑》《绿色发展新理念·绿色供应链》《绿色发展新理念·绿色学习中心》《绿色发展新理念·绿色出行》《绿色发展新理念·绿色社区》，共计12册。本套丛书旨在全面落实习近平生态文明思想和全国生态环境保护大会精神，推动形成绿色发展方式和生活方式，提高社会公民，尤其是基层干部、教育工作者、社区和企事业单位管理者对绿色发展的理解，并为其提供可操作性强的实践方法，激发全社会践行绿色发展的自觉性和主动性。

本套丛书的编写人员"术业有专攻"，在深入学习领会习近平生态文明思想和全国生态环境保护大会精神，以及广泛参阅文献的基础上结合相关实践经验编写完成。本套丛书的亮点在于不仅展现了我国生态文明建设的最新成果，还详细列举了许多国内外的成功经验与做法，内容科学准确，可以作为各个领域特别是干部和公众进一步深入学习贯彻习近平生态文明思想的操作指南，具有较强的可读性和借鉴意义。

曲格平
2019年3月于北京

前　言

交通出行作为人类生产生活中的重要环节，关系到个人幸福与社会发展。我国作为世界人口大国，每日出行量极大，出行所产生的环境问题日益突出。如何减少出行的能源消耗，消除引发环境污染的根源，深入挖掘有益于环境可持续发展的绿色出行潜力，是公众关心的话题，也是本书探讨的焦点。

绿色出行是对生态文明的响应，是全面建成小康社会、实现人民幸福的重要因素。随着生态文明写入宪法，绿色发展成为我国高质量发展的主旋律。《绿色发展指标体系》中，绿色出行作为指标之一，同时影响着能源消费总量、单位GDP能源消耗、新能源汽车保有量等指标以及《生态文明建设考核目标体系》中的部分子目标。

绿色出行的发展，不仅仅是人们出行方式的转变，而且是整个交通系统的科学布局与环境友好设计。近年来，政府加快建设公共交通网络，为绿色出行提供更多选择；提升交通信息化建设，方便出行者查询实时路况信息；调整交通管理手段，保障交通安全、道路通畅；借用经济杠杆，降低公众公共交通支付费用；宣传绿色出行方式，鼓励公众积极参与；支持社会企业参与绿色出行等方式和方法将绿色出行落地落实。交通运输部《关于全面深入推进绿色交通发展的意见》发展目标指出，"到2020年，初步建成布局科学、生态友好、清洁低碳、集约高效的绿色交通运输体系，绿色交通重点领域建设取得显著进展"。随着科学技术的进步与革新，交通系统向智能交通系统迈进，未来绿色出行将会呈现更为多元化的方式。绿色出行系统的优化是一个长期、持续的过程，需要政府联合全社会的力量共同努力。因此，在全社会积极倡导与推进绿色出行意义深远。

本书是"绿色发展新理念·建设美丽中国"系列丛书之一，主要探讨如何推动绿色出行。第一章重点阐述绿色出行的内涵与意义，第二章探讨影响绿色出行的因素，第三章介绍国内外绿色出行的案例，第四章梳理绿色出行的实施策略，第五章对于绿色出行的未来发展提出建议。本书第一章、第二章第一节、第二章第六节、第四章和第五章由王瑾负责编写，第二章第二至五节由许梦月撰写完成，第三章由刘敬奇梳理撰写完成。曾红鹰、刘之杰、酆婧轩、张琳、袁轶、张越同志审阅、修订、整理编写了书稿相关内容并为图书的出版做了大量的工作。本书在编写过程中，得到生态环境部宣传教育中心主任贾峰、副主任闫世东等领导的指导，在此一并表示衷心感谢。

本书从不同角度探讨绿色出行，希望对有志于推进绿色出行的政府工作人员、企业员工、研究学者、广大学生等有新的启发与借鉴，共同践行绿色出行！

王瑾　刘敬奇

2019年4月于北京

目录 Contents

第一章　推进绿色发展　倡导绿色出行 / 1

  第一节　绿色出行与绿色发展 / 2

  第二节　倡导绿色出行的意义 / 4

  第三节　绿色出行的内涵 / 13

第二章　绿色出行的影响因素 / 17

  第一节　绿色出行与能源效率 / 18

  第二节　绿色出行与交通系统 / 22

  第三节　绿色出行与交通工具 / 28

  第四节　绿色出行与政策引导 / 43

  第五节　绿色出行与经济调节 / 47

  第六节　绿色出行与公众行为 / 50

第三章　学一学：国内外绿色出行的案例 / 55

  第一节　整合公共交通系统 / 56

  第二节　交通工具的共享时代 / 60

  第三节　挪威探索新能源交通工具 / 78

  第四节　支持绿色出行的政策 / 81

第五节 鼓励绿色出行的经济措施 / 90

第六节 北京居民出行改变 / 98

第四章 怎么做：如何开展绿色出行 / 107

第一节 绿色交通体系整体化发展 / 108

第二节 绿色交通管理健全化发展 / 118

第三节 绿色交通科技创新化发展 / 121

第四节 绿色出行面临的挑战与对策 / 125

第五章 想一想：绿色出行的未来 / 131

第一节 绿色出行发展趋势 / 132

第二节 鼓励绿色出行践行绿色发展 / 138

参考文献 / 146

第一章

推进绿色发展 倡导绿色出行

随着社会的发展与技术的进步,人们出行范围不断扩展、出行频率持续提高,对于交通的依赖越来越强。交通引发的拥堵与空气污染困扰着诸多城市,并开始向乡村蔓延。人们对于高品质生活的向往,城市对于高效经济交通的追求,国家对于交通节能减排的要求,成为倡导绿色出行的源动力。2012年《国务院关于城市优先发展公共交通的指导意见》就明确提出倡导绿色出行。2017年党的十九大报告在推进绿色发展的论述中明确提出开展绿色出行行动。

第一节 绿色出行与绿色发展

绿色发展顺应时代发展潮流,是人类面临全球气候变化、自然资源与能源危机及不断涌现的环境问题的选择。联合国开发计划署《中国人类发展报告2002:绿色发展 必选之路》评估了中国当时的环境状况与所面临的环境挑战,指出中国未来的发展挑战与机会并存,提出了绿色发展之路。1994年国务院审议通过了《中国21世纪议程》,我国确立实施可持续发展战略。绿色发展作为在传统发展基础上的创新模式,兼顾生态环境容量与资源环境承载力等重要因素,是实现可持续发展的一种新型发展方式。

绿色发展理念最先出现于经济领域,关注经济的"绿色化"转型和绿色经济发展。随后,世界各国纷纷加入这场绿色经济发展的变革浪潮,中国也不例外。绿色发展的核心是使经济增长和二氧化碳排放"脱钩",使经济发展摆脱对高资源消耗、高碳排放和高环境污染的依赖。

绿色发展已成为全世界都在共同关注的话题,小到个人,大到国家,无不为其在努力改变。伴随着我国绿色经济的深化,绿色发展站上了新的台阶。《中共中央关于制定国民经济和社会发展第十三个五年规划的建议》指出"坚持绿色发展",突出"绿色惠民、绿色富国、绿色承诺"的发展方向。2017年10月,习近平总书记在中国共产党第十九次全国代表大会的报告中指出:"推进绿色发展。加快建立绿色生产和消费的法律制度和政策导向,建立健全绿色低碳循环发展的经济体系。构建市场导向的绿色技术创新体系,发展绿色金融,壮大节能环保产业、清洁生产产业、清洁能源产业。推进能源生产和消费革命,构建清洁低碳、安全高效的能源体系。推进资源全面节约和循环利用,实施国家节水行动,降低能耗、物耗,实现生产系统和生活系统循环链接。倡导简约适度、绿色低碳的生活方式,反对奢侈浪费和不合理消费,开展创建节约型机关、绿色家庭、绿色学校、绿色社区和绿色出行等行动。"在这个举世瞩目的会议上提出绿色发展理念,可见中国对于绿色发展的高度重视。

2017年12月6日,交通运输部印发的《关于全面深入推进绿色交通发展的意见》在基本原则中强调要"坚持生态优先、绿色发展","深化改革、创新驱动","重点突破、系统推进","多方参与、协同治理"。其发展目标中提出:"到2020年,初步建成布局科学、生态友好、清洁低碳、集约高效的绿色交通运输体系,绿色交通重点领域建设取得显著进展。到2035年，形成与资源环境承载力相匹配、与生产生活生态相协调的交通运输发展新格局，绿色交通发展总体适应交通强国建设要求，有效支撑国家生态环境根本好转、美丽中国目标基本实现。"

　　出行是人们生活中不可缺少的一部分。我国人口数量位居世界第一，承载着14亿人口的出行需求。交通运输部《2017年交通运输行业发展统计公报》显示，我国全社会完成营业性客运量184.86亿人，旅客周转量32812.55亿人公里。面对如此庞大的数字，交通作为经济社会发展的先行官，呼唤"绿色化"。2012年《国务院关于城市优先发展公共交通的指导意见》明确提出倡导绿色出行。2013年《交通运输部关于贯彻落实<国务院关于城市优先发展公共交通的指导意见>的实施意见》指出了城市绿色出行的具体方案。绿色出行在政府的积极倡导下，在技术改革、制度建设和资金等方面有了保障，受到社会各界的响应与参与，绿色出行比例不断提高。随着绿色发展的深入推进，绿色出行随之全面展开。

第二节　倡导绿色出行的意义

一、绿色出行与生态文明

　　人类文明的发展从原始文明、农业文明、工业文明之后转向生态文明。生态文明是人类在环境问题爆发、生态危机出现的背景下，反思工业文明中人与自然的矛盾，以生态价值观为根本，依据生态学原理，通过对物质、社会制度和价值观念的改善，实现人与自然、社会发展与自然系统和谐发展的新型文明形态。

2002年，党的十六大提出"生产发展，生活富裕，生态良好"的发展道路，并将其确定为建设小康社会的四大目标之一。2007年，党的十七大第一次明确地将"生态文明"写入报告中，并进一步指出"建设生态文明，基本形成节约能源资源和保护生态环境的产业结构、增长方式、消费模式"。2012年，党的十八大提出"大力推进生态文明建设"，指出"把生态文明建设放在突出地位，融入经济建设、政治建设、文化建设、社会建设各方面和全过程"。2017年党的十九大报告强调，"建设生态文明是中华民族永续发展的千年大计。必须树立和践行绿水青山就是金山银山的理念，坚持节约资源和保护环境的基本国策，像对待生命一样对待生态环境，统筹山水林田湖草系统治理，实行最严格的生态环境保护制度，形成绿色发展方式和生活方式，坚定走生产发展、生活富裕、生态良好的文明发展道路，建设美丽中国，为人民创造良好生产生活环境，为全球生态安全做出贡献"。2018年3月11日，第十三届全国人大一次会议第三次全体会议表决通过《中华人民共和国宪法修正案》把生态文明写入宪法。生态文明建设的重要性与必然性得到极高的肯定。党的十九大报告表明我国"大力度推进生态文明建设"，"成为全球生态文明建设的重要参与者、贡献者、引领者"。未来，生态文明建设将更为深入地在全国蓬勃开展。响应生态文明的号召，绿色出行亦将迎来新的跨越发展。

出行作为人民的基本需求，是社会公平的重要体现，是决胜全面建成小康社会目标的一个落脚点。目前我国正处于经济持续快速发展、快速城镇化、快速机动化的时期,交通的发展直接影响到社会与经济建设的各个方面,关系到生态文明建设的成效。我国城市化水平快速提高,至2017年末城镇人口占总人口比重(城市化率)达到58.52%。城市快速发展给城市交通带来了前所未有的挑战,城市内部、城市之间、区域之间的交通网络逐步建立起来。这些交通网络联系着城市中的各个要素,如血脉般保障着城市的有序发展。但是,面对快速增长的交通需求,交通的建设发展显得底气不足,发展中的问题也不断出现,如交通拥堵、私家车数量猛增、交通布局不合理等。此外,由交通问题引发的空气污染、经济损失等也都直接制约着社会的发展。绿色出行在满足社会经济发展对交通需求的同时,不仅倡导人们建立人与自然和谐相处的生态文明观念,建立有益于环境生活方式,而且倡导提高交通效率、改善交通拥挤、提高资源利用效率、减少交通尾气排放、增加交通出行选择性、提高交通安全性,建立绿色交通系统,助力生态文明建设。

二、绿色出行与节能减排

气候变化作为全球面临的严峻挑战,事关各国经济与安全利益。为应对气候变化的不利影响,《联合国气候变化框架公约》应运而生并受到广泛关注。为加强其实施,1997年《联合国气候变化框架公约》第三次缔约方会议通过《京都议定书》。我国于1998年5月29日签署《京都议定书》并于2005年2月16日起生效。2015年《联合国气候变化框架公约》第二十一次缔约方大会在法国巴黎举行,最终达成《巴黎协定》。该协定对2020年后应对气候变化国际机制作出安排,使全球应对气候变化工作进入新阶段。我国于2016年4月22日签署《巴黎协定》并成为坚定的履约国。我国在国家自主贡献文件中提出使二氧化碳排放于2030年左右达到峰值并争取尽早实现，到2030年单位国内生产总值二氧化碳排放量比2005年下降60%到65%，非化石能源占一次能源消费比重达到20%左右。党的十九大报告也强调"积极参与全球环境治理，落实减排承诺"。这一系列的承诺都在向世界表明我国在节能减排工作上的坚定信心与决心。

1.绿色出行与节约能源

世界的发展都离不开能源，当前依然依赖于化石能源。但是，化石能源是有限的，将在21世纪迅速匮乏甚至接近枯竭，全球能源危机问题将会日益突出。能源是民生的基本保障，涉及国家安全，决定着经济命脉。国家统计局《中华人民共和国2017年国民经济和社会发展统计公报》显示，"全年能源消费总量44.9亿吨标准煤，比上年增长2.9%"。我国能源需求依然处于增长状态，能源消费总量比重大（见表1-1）。2017年中国占全球能源消费量的23.2%，占全球能源消费增长的33.6%，连续17年稳居全球能源增长榜首。[①] 虽然我国能源增长速度放缓，但2040年我国在全球能源消费中仍占约四分之一。[②] 我国节

---

① BP中国. 2018年版《BP世界能源统计年鉴》中国专题[EB/OL].[2020-01-15]. https://www.bp.com/content/dam/bp/country-sites/zh_cn/china/home/reports/statistical-review-of-world-energy/2018/2018chinaonepager.pdf

② BP中国.《BP世界能源展望》2018年版中国专题[EB/OL].[2020-01-15].https://www.bp.com/content/dam/bp/country-sites/zh_cn/china/home/reports/bp-energy-outlook/2018/eo18-chinaonepager-cn.pdf

能工作任务艰巨。

表1-1 2016年我国一次能源消费量及全球占比[①]

	消费量	全球占比
总量	3053	
石油（百万桶/日）	12	19%
天然气（十亿立方英尺/日）	20	6%
煤炭	1888	62%
核能	48	2%
水电	263	9%
可再生能源（包括生物燃料）	88	3%

备注：无特殊标注的单位均为百万吨当量。

表1-2 交通能源消费量及变化[②]

2016年交通一次能源消耗量	占全球比例	1990—2016变化（绝对值）	1990—2016变化（%）
352（百万吨）	12%	320	>1000%

我国交通的快速发展同样带来能源消费量不断增加的问题（表1-2）。根据交通运输部《2017年交通运输行业发展统计公报》统计表明我国交通整体能源消耗以增长为主。为了推动交通节约能源，提高

---

① BP中国.《BP世界能源展望》2018年版中国专题[EB/OL].[2020-01-15].https://www.bp.com/content/dam/bp/country-sites/zh_cn/china/home/reports/bp-energy-outlook/2018/eo18-chinaonepager-cn.pdf

② 同上。

能源利用效率,《中华人民共和国节约能源法》第三章第四节对于交通运输节能进行了明确的规定。《"十三五"节能减排综合工作方案》提出"到2020年,全国万元国内生产总值能耗比2015年下降15%,能源消费总量控制在50亿吨标准煤以内。全国化学需氧量、氨氮、二氧化硫、氮氧化物排放总量分别控制在2001万吨、207万吨、1580万吨、1574万吨以内,比2015年分别下降10%、10%、15%和15%。全国挥发性有机物排放总量比2015年下降10%以上"。在交通运输节能方面,该文件也给出了详细的指标(表1-3)。国务院从中央财政一般预算资金和车辆购置税交通专项资金中安排资金用于支持公路、水路、交通运输节能减排。交通运输部也通过培训、低碳交通专项行动、低碳交通运输体系城市试点、节能减排示范应用等全面推进交通运输节能减排工作,为绿色出行奠定了坚实的基础。

表1-3 "十三五"交通运输节能指标

指标	单位	2015年实际值	2020年目标值	变化幅度/变化率
铁路单位运输工作量综合能耗	吨标准煤/百万换算吨公里	4.71	4.47	[-5%]
营运车辆单位运输周转量能耗下降率				[-6.5%]
营运船舶单位运输周转量能耗下降率				[-6%]
民航业单位运输周转量能耗	千克标准煤/吨公里	0.433	<0.415	>[-4%]
新生产乘用车平均油耗	升/百公里	6.9	5	-1.9

2.绿色出行与减少排放

气候变化问题受到全世界的关注,并由最初的科学问题演变成全球关注的政治问题。人为排放大量的二氧化碳等温室气体,导致大气的组成发生变化,是引起气候变化的重要原因。据公安部交管局统计,截至2017年3月底全国机动车保有量(包含摩托车、汽车、货车,不包含电动车)首次突破3亿辆,12个省份机动车超过1000万辆。国家统计局统计数据显示,尽管我国私人汽车增长率不断下降,但其总量仍不断攀升。尽管我们已大力推进新能源汽车的发展,但是中国汽车工业协会2016年的数据显示,中国新能源汽车保有量达109万辆,相对于机动车总量比例很小。随着机动车的快速增长,汽车尾气排放问题越来越突出。

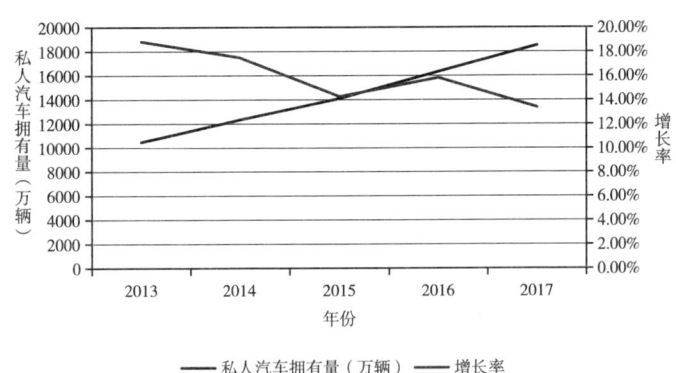

图1-1 2013年-2017年全国私人汽车拥有量及增长率
(数据来源于国家统计局)

机动车尾气排放持续增长是导致城市雾霾天气增加的重要原因

之一。2015年4月1日公布的全国大气污染9大重点城市污染源解析结果显示，北京、杭州、广州、深圳的大气首要污染源是机动车排放，其中北京市PM2.5的来源中机动车排放占到31.1%。原环境保护部《2017中国环境状况公报》显示2017年全国338座城市发生重度污染2311天次，严重污染达802天，以PM2.5为首要污染物的天数占重度及以上污染天数的74.2%。城市空气质量关系居民的健康，已为社会热议的话题，受到公众的特别关注。为改善空气质量，2013年9月国务院发布了《大气污染防治行动计划》将强化移动源污染防治作为污染物减排的重点任务之一。2016年1月1日正式实施的《中华人民共和国大气污染防治法》对机动车船等污染防治做了明确的规定。2018年7月3日国务院《打赢蓝天保卫战三年行动计划》提出"积极调整运输结构，发展绿色交通体系"。在大气污染重压之下，倡导绿色出行，推进绿色交通解决方案，已成为社会各界广泛关注的焦点。

三、绿色出行与公众健康

交通出行是人们日常生产生活中的重要组成部分。伴随着社会的发展，人们交通出行的频率与距离不断增加，交通越来越繁忙。然而，交通所带来的尾气污染、噪声污染、光污染、土壤污染等问题，直接影响着人们的健康。

2015年12月7日18时30分，北京市空气重污染应急指挥部发布空气重污染预警等级由橙色预警提升为红色预警，全市于12月8日7时至12月10日12时启动空气重污染红色预警。雾霾红色预警首次出现。北京整个城市街景变得一片混沌，能见度极低，易发生交通事故。然而，雾霾的影响远不止这些，它含有多种有害物质，直接威胁人的健康。其中，影响最大的就是人的呼吸系统，造成的疾病主要集中在呼吸道疾病、脑血管疾病、鼻腔炎症等病种上。人们开始佩戴和购买各种防雾霾的物品，如口罩、空气净化器等。为了保护学生的健康，全市中小学校停课三天。一时间雾霾成了全国人民议论的话题。机动车排放作为造成雾霾的一个重要的因素，引起了社会广泛的关注。然而，机动车排放尾气的危害远不止这些，尾气中含有如一氧化碳（CO）、碳氧化合物（HC）、氮氧化合物（Nox）、二氧化硫（SO_2）、微粒物（PM）等污染物，达到一定浓度后会造成人体不适，如头疼、头晕、咳嗽、胸闷、失眠、记忆力下降、中枢麻痹甚至是窒息死亡。当污染物降落到地面进入土壤中，则会进入食物链中，导致更为深远的损害。

交通噪声也不可忽视。公路上汽车川流不息，发出大量的低频噪声。而低频噪声穿透力极强，普通的中空玻璃根本无法隔绝。持续不断的噪音会使人烦躁，造成听力、中枢神经、消化系统等损害，直接影响人们的生活质量。而交通引发的光污染，会引发视力下降、头晕目眩，甚至诱发癌症，产生不良情绪。

种种问题暴露出来后，人们开始反思出行与环境的关系。如何在满足快捷、舒适出行的前提下，尽量减少排放污染物，保护环境也保护人类自己。因此，探索低碳排放、低能源消耗的有益于环境的绿色出行方式迫在眉睫。

第三节 绿色出行的内涵

追溯人类发展的历史可以发现，绿色出行的概念起源于汽车发明后城市化的浪潮中。汽车产生之前，人类交通主要依靠自然的力量，如人自身的体能或牲畜的体能。随着技术的进步，交通工具被机械替代并且更为快捷和舒适。人们在发展中不断寻求满足其自身出行需求的交通工具与交通方式，出现了交通工具爆发式增长。以机动车为例，1985年我国千人仅拥有3辆，2005年上升到22辆，而2010年快速增长到59辆，2015年变为105辆，2016年激增为146辆。机动车数量呈快速上升趋势，交通拥堵与环境问题随之暴露。人们出现了对于交通拥堵的不满及对于交通污染的焦虑，并开始寻找问题的解决方法，希望探寻一种节约能源、减少污染，有益于环境的舒适与便捷的出行方式。绿色出行是人们面对交通环境问题后的一种新认识，旨在引导人们采用低能耗、高能效、低污染、兼顾效率与公平、有益于城市与居民健康发展的出行方式。

绿色出行最直观的理解就是一种相对环保的出行方式，如公众在日常生活中常表现为选择乘坐公共交通工具、步行、骑自行车等出行方式。然而绿色出行不仅包括绿色出行方式，还应该包括绿色出行习惯、绿色车型选择与绿色驾驶习惯等，例如公众自觉减少不必要的出行、选择低排放、低能耗的车型、驾驶机动车过程中尽可能少急刹车等。另外，出行受到多方面因素的制约，如交通工具、道路网络、公共服务、政府政策、公众认知等诸多因素的影响。因此，倡导绿色出行，不应仅仅关注公众的出行行为，更应致力于建设适宜绿色出行的多层次绿色交通体系。

由于社会与交通发展的条件差异，绿色出行在我国具有独特的内涵与意义。首先，我国政府提出2020年将"全面建成小康社会"，而交通这一关系人民切身利益的重大民生问题成为可否满足公众优质出行服务需求的标准，是公众高质量生活的直接体现。其次，在我国城镇化与机动化快速发展的进程中，绿色出行成为解决交通拥堵、环境污染、能源紧缺等突出问题与提高公众出行便捷与舒适的落脚点。再次，绿色发展理念与生态文明发展战略的实施为绿色出行提供了坚实的政策、法律、资金等方面的保障。我国调整与优化运输结构，着力建设安全、便捷、高效、智慧的综合运输体系，为绿色出行提供了有力的技术支撑。最后，社会与公众的环境意识的提升与观念的转变，为绿色出行创造了良好的社会氛围。

在绿色出行实施过程中，政府是主导者而公众是践行者。政府在绿色出行实施中肩负重要职责与使命。政府对于公共交通系统的建设决定了公众是否可以就近选择公共交通出行。政府政策的引导也关系交通系统的发展方向，相关交通企业产品定位，社会公众参与的积极性等。公众作为绿色出行的践行者，其出行行为方式与出行习惯都直接影响绿色出行的实施效果。绿色出行也离不开提供交通相关服务企业的大力支持。交通服务企业在交通技术创新、交通管理改进、智能交通系统建设中都发挥了重要的作用，为绿色出行带来了新的活力。此外，公益性机构、民间组织等也在绿色出行行动中发挥了积极地作用。例如，中国民促会于2006年与美国环保协会开展了"绿色出行"倡导活动，2009年中国民促会绿色出行基金开展了"绿色出行，绿色奥运""世博绿色出行""绿色出行网上计算器""畅享绿色出行，迎接激情亚运""低碳大运，绿色出行"等活动。科研教育机构的智力支持也为绿色出行提供了保障。总之，绿色出行是一个多方携手共建的绿色交通梦想，需要全社会齐心协力共同实现！

第二章
绿色出行的影响因素

绿色出行并非公众个人意愿选择的结果，而受到多种因素影响。例如，上班族在日常通勤交通的选择上就会综合考虑时间成本、经济成本、交通状况等诸多因素。在公共交通不完善的地区，只要经济状况允许，上班族多会选择节省时间的私家车，此时一味倡导公共交通出行效果肯定不理想。要改变这一状况，建立完善的公共交通系统肯定是最佳方案。但是，公共交通系统的建立并非一朝一夕，在此期间如何实现绿色出行更需要探究。因此，倡导绿色出行，首先应该了解哪些因素影响了绿色出行。本章将从能源效率、交通系统、交通工具、政策引导、经济调节、公众行为六个方面探讨它们对于绿色出行的影响。

第一节　绿色出行与能源效率

热力学第二定律告诉我们，能量转换过程中不可能完全转换为有用的功而不产生其他影响，也就是说能源转换过程中必然有一部分能量损失。因此，能源利用过程本身就会消耗一些能源。能源在利用过程中有效利用能量占全部能量的百分数就是能源利用率。世界能源委员会认为，"能源效率是减少提供同等能源服务的能源投入。"国内学者一般认为，"能源效率是指能源开发、加工、转换、利用等各个过程的效率，是能源投入产出的比例关系。"能源是重要的生产生活要素，人类在生产生活过程中对于能源的利用，极大提高了劳动生产率，促进了社会经济发展。但是，能源资源过度消耗又制约着其发展。影响能源效率的因素是多方面的，如技术、产业结构、能源价格、政府干预等方面。以技术进步为例，技术进步与能源效率存在着明显的正相关性，对提高能源效率非常关键。我们只有深入了解能源效率，提高能源效率，才能更加高效合理地利用能源，解决社会发展与能源紧缺的矛盾。

交通运输能源消耗的持续增长，已成为节能减排重点关注的领域。石油目前仍然是全世界的重要燃料（图2-1），占据能源消费量的1/3。国家统计局统计2015年交通运输、仓储和邮政业石油消费总量占石油能源消费总量37%（表2-1），已排在消费榜的第一位。我国在交通能源节约工作上，有很大的潜力可以挖掘。交通的蓬勃发展，拉动我国能源需求增长。交通能源效率的提高，有利于缓解能源需求压力，保障能源供应，降低能源安全风险。

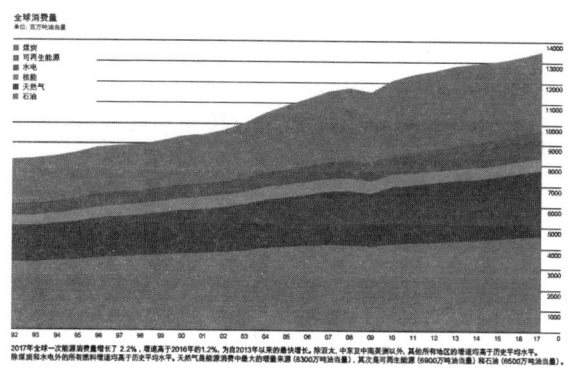

图2-1　全球能源消费量[①]

[①] BP中国. 2018年版《BP世界能源统计年鉴》报告中文版[EB/OL].[2020-01-15].https://www.bp.com/content/dam/bp/country-sites/zh_cn/china/home/reports/statistical-review-of-world-energy/2018/2018srbook.pdf

表2-1　交通运输、仓储和邮政业石油消费总量与比重

年份	交通运输、仓储和邮政业石油消费总量	占全国石油消耗总量的比重
2010	15079.30 万吨	34.19%
2014	19546.90 万吨	37.72%
2015	20549.9 万吨	37.25%

其次，交通能源效率的提高有利于减少污染物与温室气体排放。2016年，我国二氧化碳排放量约占全球总量的30%。提高能源效率将有效地降低能源生产和消费过程中的污染物排放。根据国家发展和改革委员会《二氧化碳排放核算方法及数据核查表》化石燃料燃烧过程CO_2排放因子（表2-2）计算，若2016年我国能源消费总量提高能源利用效率10%，能源消费就会减少4.36亿吨标准煤，相当于减少二氧化碳排放11.51亿吨。

表2-2　化石燃料燃烧过程CO_2排放因子

	数值
煤炭	2.64 吨 CO_2/ 吨标煤
石油	2.08 吨 CO_2/ 吨标煤
天然气	1.63 吨 CO_2/ 吨标煤

另外，交通能源效率的提高有利于降低我国能源运输压力。我国能源资源储量和生产与能源消费地分布不均衡，因此能源运输相当繁忙。我国的铁路货物运输40%是运煤炭，而煤炭运输量的增长速度已经远远快于全国货运量的增长速度，成为我国近年来运力紧张的主

要原因之一。交通能源效率的提高不仅可减轻能源需求的压力,减少污染物与温室气体排放,降低能源运输压力,而且也会减少对土地资源、水资源及生物资源等资源的消耗,对我国绿色发展建设意义重大。

能源效率的提高受到了全世界的重视。欧盟历来十分重视能效的提高,其在节约能源、提高能效方面制定的文件全面且具有综合性,如2006年10月公布的《提高能效行动计划》。一方面,致力于提高汽车发动机效率,例如1990~2004年德国全国汽车发动机效率提高了一倍,汽车燃料消耗减少了40%;另一方面,利用税收调控,如德国的汽油价格中税收占70%。[①] 欧盟国家在全球节能减排行动中,始终行动在前。

为了提高能源效率,一方面需要建立规范的制度与文件,另一方面还要提高能源利用技术。日本"能效领跑者制度"迫使日本的制造企业推进节能型汽车研发与生产,以载客汽车为例1995年至2010年产品能效改善达48.8%,[②] 比预想目标提高了一倍。领跑者标准实施后,2004年度日本汽车能源效率比1995年度提高了22%;日本还于2001年开始实施汽车绿色税制促进减排,降低了汽车税率约50%;对车辆总重8吨以上或者最大载重量5吨以上的大型货车,附加了安置时速不超过90km装置的义务,提高了燃油使用效率约15%,并有效减少污染物与温室气体排放。[③] 我国从2001年开始汽车燃料消耗量的研究。2016年实施的《乘用车燃料消耗量限值》和《乘用车燃料消耗量评价

---

① 欧盟的节能减排战略[J]. 节能与环保,2009(6):8-9.

② 白泉,吕正. 日本能效领跑者制度的经验与启示(上)[J]. 中国标准化,2016(1):145-151.

③ 中国文明网. 发达国家怎样治理道路运输领域污染方法和措施[EB/OL].(2008-06-20)[2020-01-15].http://archive.wenming.cn/sjwm/2008-06/20/content_14231695.htm.

方法及指标》为汽车节能建立了国家标准。

交通出行对于能源的消耗是非常巨大的，如果能够提高交通工具的能源利用率将会有效节约能源资源。提高交通能源利用率，可以从以下几个方面入手：通过技术手段提高交通工具对于能源的利用率，如提高小汽车对能源的利用效率；加快发展公共交通，引导公民绿色出行，公共交通的人均能源消耗显著低于私家车出行的人均能源消耗；绿色出行方面政策法规的出台能够非常有效地控制交通对于能源的消耗。

第二节 绿色出行与交通系统

一、交通系统

交通系统是人类社会重要的一环，是一个非常复杂的开放性系统。交通系统包括人员、车辆、交通道路以及周边环境，其中车辆和交通道路在交通系统中较为重要，对于交通的便利性有着极大影响。交通系统的各个要素相辅相成，虽然独立却相互影响，某一种因素的变化都会影响其他因素。因此，绿色出行需要交通系统各个因素的共同改善。

交通系统包括载体子系统和交通管理子系统等。载体子系统包括场站和交通工具、各类交通网络与运输子系统。交通管理子系统包括监测、控制和信息处理等子系统。以城市交通系统为例，随着人们对交通的多样化需求，城市交通方式和工具也呈现出多样化。当有限的地面资源已经不能满足人们的交通需求了，随之而来的是地下和空中资源的充分利用，最终形成多形式、多层次、立体化的综合交通体系。居民出行的交通工具多种多样，有地铁、磁悬浮列车、有轨电车、常规公交、私人小汽车、出租车、摩托车、自行车、步行等。居民可以根据需要选择不同的交通方式。在交通管理系统的监测与控制下，交通系统子系统之间合理衔接、相互协作，完成繁忙的城市交通任务，满足居民各种出行活动。此外，交通系统除了内部的子系统外，也与其外部地理环境、城市形态与规模、土地利用及社会经济环境等相互影响。

在交通系统的建设上，我国各地都积极探索，寻求适合的交通系统建设方案。据《2018德勤城市移动出行指数》显示上海的交通系统较为完善，在全球城市中排名靠前。上海的地铁系统线路最长、交通繁忙且安全系数高。上海交通系统在一体化与共享出行表现突出，可以满足公众个性化的交通出行需求。大数据与人工智能技术下的上海交通行政执法体现了高效与公平。厦门构建BRT快速公交、空中自行车道、地面交通系统、地下轨道交通三层交通网络，形成立体公共交通绿色出行系统。苏州环古城河慢行系统，总长约15.5千米，综合了慢行系统的主要特征和苏州市老城区"水路相邻河街平行"的传统的棋盘格局的特点，为实现"低碳、安全、公平、便捷、连续、舒适、优美"的交通环境做出了努力。任何出行的起点和终点都离不开慢行交通。慢行系统主要包括步行系统和非机动车系统两部分。所以慢行交通系统是城市交通系统的重要组成。

城市交通是交通系统节能减排的重要领域。步行和骑行自行车都是既健康又环保的出行方式，它们的碳足迹几乎可以忽略，且道路空间占有率远低于小汽车驾乘者。近年来，伴随共享单车在国内的爆发式增长，自行车交通重新回归我们的生活，城市交通规划发展应以此为契机，重新审视现有的交通发展模式以及管理建设中暴露的问题。充分认识步行、自行车交通方式的重要性，构建完整、友好、舒适的步行和自行车交通系统。考虑步行、自行车交通与公共交通系统的衔接，加强自行车停车的建设和管理，倡导"步行+公交""自行车+公交"出行，使之成为既经济又有效缓解交通拥堵的方式。同时，以提高"公交提速、提质、提效"为突破口，保障公共交通路权，提高公交系统覆盖率、快捷性、舒适度和准点率，因地制宜发展大容量轨道交通。城市应持续加大其步行、自行车和公共交通等环保、绿色交通的建设力度，逐渐降低城市汽车出行率，实现绿色交通发展。

在各种交通方式此消彼长、交通发展模式亟待变革的总体发展趋势下，坚持发展高效绿色交通系统是打赢交通拥堵战役的长效手段。

二、交通系统的设计与规划

20世纪90年代后，中国的国民经济迅速发展，城市化进展迅速。而与此同时，城市人口急剧增加，道路负荷增加，出行时间延长，中国所面临的城市交通问题不容忽视。北京、上海和广州这样的大城市交通拥堵的现象都成了城市一个著名"景观"。同时，一些新型城市的交通拥堵状况也越发严峻。交通阻塞已经成为公众讨论的热点话题之一。交通问题不仅仅带来了时间的损失，其造成的资源浪费与环境污染，严重制约着城市的发展。历史上，由于中国的交通跨过了马车时代，直接进入汽车时代，道路建设明显滞后。随着中国经济的快速发展，城市化进程加快，随之面临的问题就是改进与完善交通系统的规划与设计。

交通系统的设计与规划是解决目前交通问题的关键。通过交通系统设计的改善可以在现有经济基础上改善交通拥堵的问题，如立交桥、城市慢行交通系统、公共交通系统的规划和建设。

立交桥能够减少不同方向的车辆和行人的冲突，缓解交通拥堵状况，提高交通效率，同时增加交通的安全性。而且一些立交桥的设计非常优美，甚至成为城市的标志性建筑，如克拉玛依路高架桥、上海莘庄立交桥、深圳盐田港立交桥等。

城市慢行交通系统主要受城市人口规模、城市布局形态、出行距离、城市地形、地区区域等因素的限制。城市规模越小，人们越愿意采步行或自行车的方式出行，而当城市发展规模越来越大时，人们选择步行或自行车出行将越来越不方便。虽然近年来共享单车的出现有助于这一情况的改善，但是不能从根本上解决问题。而且，随着共享单车热度的下降问题重新回到了人们面前。我国的城市发展一般模式为中心集中的方式，这一方式是比较适合慢行交通系统的，但同样在超大规模的城市中面临着挑战。随着机动化的发展，人们的出行距离越来越大，而慢行系统也在长距离的出行中败下阵来。城市的地形也影响着慢行系统的发展，在平原城市人们选择慢行式交通比较方便，但在丘陵或山地式的城市中因交通安全、道路条件等种种因素，限制了慢行交通系统的发展。

公共交通是绿色出行的主要方式之一，也最符合目前我国交通的发展现状。城市公共交通一般包括：城市道路公共交通、城市轨道公共交通、城市水上公共交通、城市其他公共交通。城市道路公共交通一般指公共汽车、无轨电车、出租车等。城市轨道公共交通一般指地铁、轨道系统、磁悬浮列车等。目前，我国除了北京、上海、天津、重庆四个直辖市，大多数的省会城市也将跻身于千万级城市之列。城市公交系统的发展存在的问题主要有：部分路段线路设计重叠、偏远地区公共交通线路及配套不足、交通管理机制不完善等影响了公共交通利用率的提高。要充分发挥公共交通用地占用少、环境污染量小、有助于缓解交通拥挤的优势，一方面需要进行合理的规划，设置合理的公共交通站点，确保公共交通的优先权，使之更加便捷且利于出行。另一方面，要提升公共交通运营机制，提高服务水平，增加公共交通的舒适性与人性化服务。此外，很多城市交通结构失衡、拥堵加剧，偏离了绿色出行的方向。如果还坚守"因堵治堵、以路治堵"的老路是没有任何出路的。单一强调公交优先、公交主导，无差别化进行公交分担率指标考核，并不能有效回应人们对机动车便捷性的偏好和个人机动化进程的挑战。只有建立多层次完整的绿色交通模式，才能满足大中小城市普适性的交通可持续发展。公共交通系统经过约两百年的发展，未来将重新焕发生机。

科学技术的创新同样有助于交通系统的发展，如光伏路面。未来的电动汽车能够随时从光伏路面获得电能。2017年12月，在济南首条光伏高速公路通车了。光伏高速公路充分利用公路的路面资源，同时与太阳能发电技术相结合，不但解决了电车的动力问题，同时也为公路照明和监控设施等提供了电能。济南光伏高速公路的建成对于推进新能源的发展有着非常重要的作用。

第二章 绿色出行的影响因素

图2-2 北京公交专用线（图片拍摄：王瑾）

光伏高速公路的安全性也有一定的保障，光伏高速公路的路面粗糙，所以不会形成镜面反射，同时也增加了路面的抗滑性，除此之外光伏高速公路的电磁辐射等各项指标都符合国家安全标准。从整体效果来看，光伏高速公路不仅减少了二氧化碳的排放，而且为交通系统和沿线居民提供了清洁能源，从而从多方面减少了其他能源的消耗，让我们离绿色发展的目标更进一步。

此外，交通系统是否有利于绿色出行，可以从公众出行状况调查中反馈出来。例如，交通运输部科学研究院在2014年11月至2015年4月期间，对18至65岁之间的北京居民（在北京居住超过1年以上）开展自行车出行情况调查。调查表明，影响北京居民自行车出行的主要因素为：道路中没有明确的自行车道指示标志，同时非机动车道路被严重占用，自行车的骑行安全得不到保障。市民的环保意识越来越强，如果城市中自行车出行的环境能够得到改善，一定会有越来越多的居民自觉选择绿色出行。

第三节　绿色出行与交通工具

交通工具随着时代的进步，种类更加多种多样，如马车、自行车、摩托车、电动车、汽车、地铁、火车，到轮船、飞机甚至是航天器。各种各样的交通工具极大地方便了人们的日常生活。在交通工具十分落后的年代里，距离是人们无法跨越的鸿沟。但在科技高速发展的今天，距离已经不能再阻拦人们的交往，人们在交通工具的帮助下移动的速度越来越快。随之，人们关注的目光逐渐从速度转移至能源消耗。由于各式各样的交通工具，在能源消耗与交通效率方面有着较大的差距。当面临能源短缺以及环境问题时，人们在选择上不得不放弃或减少使用那些能源消耗大或交通效率低的交通工具。绿色出行中，交通工具的选择是一个重要环节。

一、自行车

自行车是一种无污染且有益于健康的交通工具。自行车是我国许多城市客运交通的重要组成部分、是近距离交通的有效方式，也是最有利于环境的交通工具。我国曾是全球最大的"自行车王国"，川流不息的自行车成为当时城市中一道特别的风景。2000年，许多城市自行车使用比例很高，如2000年石家庄市人口为214万人，自行车出行的比例达55.75%；人口为640万人的天津，人们使用自行车出行的比例达52.73%。① 但是在之后发展过程中因为自行车对道路的占用率、交通速度、交通安全等方面的问题，自行车和机动车之间的冲突不断，使得自行车的发展受到了限制，甚至在某些地区退出了人们的视线。

中国人口多、土地少的情况说明发展私家车的出行体系是不现实的，而公共交通体系的发展逐渐不能满足人们的出行，即使在北京这样的大城市还存在着"最后一千米的问题"，因此自行车依然是我们交通工具中非常重要的环节。由于近来空气污染、交通堵塞、温室效应加重、土地资源紧缺等问题，自行车由于节省土地和能源而更受欢迎。尤其是在近距离或时间充足的情况下，选择自行车出行不仅有利于环保也有助于身心健康。

近几年，共享单车迅速在我国发展起来，市场上的共享单车品牌能够达到几十种之多。2014年，第一批共享单车在北京大学校园投入使用。在校园的尝试取得成功以后，共享单车企业把目光投向城市，策划发展城市共享单车。2016年，共享单车跨越大学校园，投放到城市，实现了从校园交通工具向城市交通工具的飞跃，成为城市大众使用的交通工具。共享单车企业先后在广州、北京、上海、深圳、杭州等30多个城市投入共享单车，为这些城市增添了一种新交通方式。到2016年，我国单车用户规模已经达425.16万人，② 共享单车有利于解决城市交通最后一千米难题，提高换乘便捷程度。共享单车是低碳交

---

① 潘海啸. 中国城市自行车交通政策的演变与可持续发展[J]. 城市规划学刊，2011（4）：82-86.

② 艾媒网. 艾媒报告丨2016年中国单车租赁市场分析报告[EB/OL].(2016-10-18)[2020-01-15]. https://www.iimedia.cn/c400/45424.html

通工具，对交通低碳化有积极促进作用。随着共享单车的飞速发展，同样也带来了一些问题，如造成交通拥堵。共享单车多是无桩式随骑随靠，方便大众出行。但是这种随骑随靠在实际运作中变成了乱停乱靠，侵占了公共资源。共享单车使用者财产和人身安全上存在安全隐患，例如共享单车企业并未公布其对于巨额押金的保管与使用的方法。为了解决共享单车发展问题，促进绿色出行，2017年8月，交通运输部、中央宣传部等10部门联合出台的《关于鼓励和规范互联网租赁自行车发展的指导意见》中，明确提出要加强对用户使用规范和安全文明骑行的宣传教育。

图2-3　北京街头共享单车（图片拍摄：王瑾）

目前，共享单车成为人们日常生活的一部分，尤其是在天气适宜的情况下越来越多的人更愿意选择自行车出行。各种各样的共享单车已经成为城市中亮丽的风景。随着可持续发展战略的持续推进，自行车在绿色出行中又体现出明显的优势，进入到发展新高峰。在自行车出行的发展历程中，如果能更加注重机动车与非机动车运行系统的空间分离，将有助于在绿色出行中更大地发挥自行车的优势。虽然共享单车的管理还存在着一些问题，但是这种方式确实对于人们的绿色出行起到了促进作用，也引起了政府交通部门对城市慢行系统的重视。

共享单车在全球范围内引起了一股热潮。2007年，巴黎的"自助式自行车服务系统"让共享单车红遍全球。随后2009年，台北的微笑单车正式开始运营；2013年，英国伦敦的共享单车正式投入运营；澳大利亚的旅游大市墨尔本也推出了"自行车之旅"项目。

二、汽车

汽车是具有四个或以上车轮由动力驱动的非轨道承载的车辆。1886年，卡尔·本茨制造出第一辆现代汽车。经过130多年的发展，汽车已经在世界盛行了，并正在向着智能化、节能环保的方向发展。如今汽车已经成为人们出行过程中不可缺少的一部分，但汽车在为人们提供快捷方便的同时，汽车排气污染环境的问题越来越突出。目前，环保和安全成为限制其发展的首要问题。

汽车对环境的影响主要体现在汽车尾气对温室效应的影响，要进一步缓解汽车对环境的影响，主要可以从开发新能源和提高汽车的能源利用率两方面入手。新能源汽车包括纯电动汽车、混合动力汽车、燃料电池电动汽车、氢发动机汽车、其他新能源汽车等，主要指用除化石燃料以外的能源提供动力的汽车。新能源汽车最大的优点在于其对环境的影响较小，废气排放量低。在环保问题受到全球瞩目的情况下，新能源汽车受到人们极大的欢迎。我国将新能源汽车的发展作为缓解环境问题,坚持可持续发展的重要方向。在我国,新能源汽车主要是混合动力汽车和纯电动汽车。为了鼓励新能源汽车的发展国家出台了一系列的优惠政策。2018年4月份,中华人民共和国工业和信息化部、中华人民共和国财政部、国家税务总局、中华人民共和国国家发展和改革委员会、中华人民共和国科学技术部、中国汽车工业协会、中气动力电池产业创新联盟等相继出台了以下政策:《免征车辆购置税的新能源汽车车型目录》、《智能网联汽车道路测试管理规范(试行)》、《2018年取消新能源汽车外资股比限制》、《道路机动车辆生产企业及产品准入许可管理办法(征求意见稿)》、《关于开展2017年及以前年度新能源汽车推广应用补贴资金清算申报的通知》与《汽车动力蓄电池和氢燃料电池行业白名单暂行管理办法》。一系列政策的出台充分说明国家对于发展新能源汽车的重视,也激励了新能源汽车的发展。据国家统计局公布数据显示,2017年新能源汽车产量比上年增长51.2%。

尽管我国公共交通车辆运营数量稳步增加(如图2-4),公共交通运营线路总长度不断增长(见图2-5),但公共交通客运总量却有小幅下降。在我国主要大城市中,如北京和上海两个城市的居民出行结构变化趋势为:步行、自行车以及公交车的出行比例下降,出租车、小汽车、摩托车等机动交通的出行比例明显上升。随着人民生活水平的提高,汽车消费逐渐成为一种新时尚。在小汽车的出行比例变化中,主要是私人小汽车增长的贡献,在大城市,私家车的普及率较高,仅北京市约每四个人就拥有一辆汽车,不少家庭拥有两辆汽车。私家车快速增长所带来的能源环境压力正逐渐加大。此外,私家车的利用率较低,购置和养护成本较高,大城市停车的时间成本和花费也较高。

加之汽车的空置率很高，车主除了在早晚交通高峰时会用到车辆，一天中的其他时间对车辆的使用大大减少。诸多原因促成了私家车搭乘、租赁、拼车等共享模式的出现。

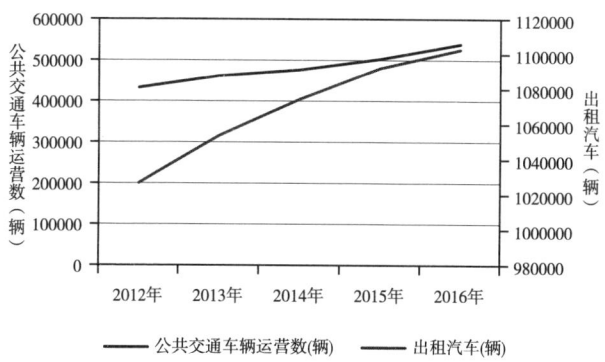

图2-4　2012-2016年公共交通车辆与出租汽车运营情况

（数据来源于国家统计局）

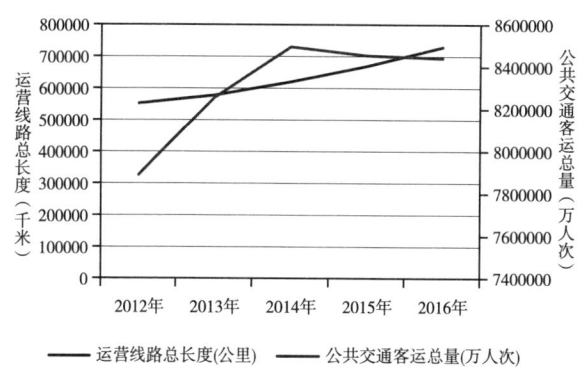

图2-5　2012-2016年公共交通运营线路总长度和客运总量

（数据来源于国家统计局）

目前，共享汽车主要包括传统经营的出租车、网约车、经营性租赁、分时租赁等类型。传统出租车已无法满足乘客需求的快速增加,供需差距大。网约车以其多样的类型与价格,可以满足不同人群的多种需求,如经济实惠的顺风车,高端的商务专车,便捷高效的快车等。网约车填补了出租车在高端商务出行与经济用车需求量方面的空白,受到青年人的青睐。经营性租赁一般分为短租与长租两种,短租主要满足差旅需求或临时用车需求,长租则多为企业商务用途或一线大城市限购后无法购车的个人用户。近年,市场上出现了以小时为租赁时长的租赁业务即分时租赁,更为灵活地满足用户"随取即用"的租赁需求。汽车共享模式给用户带来便捷的同时也对于城市道路管理提出了新挑战。

三、电车

电车是指以电能提供动力的交通工具,一般包括有轨电车和无轨电车两种。19世纪80年代有轨电车首先出现,20世纪20年代,有轨电车的发展达到了高潮期,城市交通迅速被有轨电车占领。而第二次世界大战结束后,汽车的快速发展使有轨电车走向了衰落。有轨电车的主要缺点在于电车轨道占用了大部分的道路,影响了汽车的发展,同时汽车的大量出现影响了有轨电车的速度。以上原因导致有轨电车逐渐被淘汰。当燃油汽车数量猛增而引发诸多交通问题之后,为有轨电车的发展提供了新的契机。有轨电车在低碳环保方面有着非常大的优势,同时在交通体系中路权不断地分离,进一步为发展绿色交通提供了帮助。

在欧洲很多城市发展有轨电车,使有轨电车和公共汽车、地铁形成一个完整的交通网络,基本满足居民的全部出行要求,如荷兰的鹿特丹、德国的柏林等。我国的有轨电车正处于发展阶段,首个有轨电车网于2013年在沈阳建成。

无轨电车是不依赖固定轨道由架空接触网供电、电动机驱动的公共交通工具。无轨电车与普通客车相比,区别在于车顶需要安装一对受电杆,形成电流通路为无轨电车提供电能。无轨电车使用的是清洁、廉价、无污染的电能源。电车的电动机的能量转化效率要高于汽车的内燃机,同时发电厂的环保节能效率也远远高于化石燃料的冶炼。而且无轨电车车辆制动时,由于其与接触网连成系统,动能可以转化为电能返回接触网,提升能源利用率。在能源问题日渐突出的情况下,无轨电车节约能源的优势更加引人注目。此外,无轨电车与电动汽车相比不需要高昂的动力蓄电池或燃料电池,同时也减轻了自身重量。无轨电车与轨道交通相比无须进行轨道铺设及对路面进行改造,也不需要建设信号系统,所以无轨电车的前期投入较低。

无轨电车由于其能源来源广、噪声小等节能环保优点,以及起步和加速平稳舒适的特点等成为绿色出行的优选交通工具之一。如今各个国家都在大力发展无轨电车,如美国、巴西、德国、葡萄牙等,在这些国家,汽油车和柴油车正在被电车取代。

四、城市轨道交通

轨道交通是车辆需要在特定轨道上行驶的一类交通工具或运输系统,常见的轨道交通有传统铁路、轻轨铁路、单轨铁路、地铁和有轨电车等。城市轨道交通具有运量大、速度快、安全、准点、保护环境、节约能源和用地等特点。城市交通拥堵的日益严重,让人们意识到轨道交通的发展空间是巨大的。

图2-6 日本北九州小仓站（图片拍摄：王瑾）

在经济快速发展的今天人们对于生活水平的要求越来越高，同时生活的节奏也不断加快，而轨道交通在准时、低碳环保、乘车环境的舒适度和安全性等方面展示出其独特的优势。据北京市地铁运营有限公司发布的客流信息显示，目前北京地铁公司所辖16条运营线路工作日客运量在千万人次，周末约为六百万人次。但同时轨道交通的发展也受到城市经济发展的限制，因为轨道交通的建设需要大量的投资。从目前的发展状况来看轨道交通正处于高速发展阶段，将会成为未来轨道交通的主力军。

绿色交通的实现需要交通网络的全面配合。公共交通是绿色出行最为有效的手段。有研究表明公共汽车与小汽车相比能够减少80%以上的道路占用面积，一列地铁的运行能够减少100多辆轿车的使用。所以建成快速方便的城市轨道交通，将是城市绿色交通发展的重要一环。随着中国经济的不断发展，中国城市的轨道交通也在不断地发展。中国的各大城市正在逐步建设城市轨道交通，一些特大城市正在逐步完善城市轨道交通体系。北京是我国最早开通地铁的城市，截至2017年底我国已有35个城市开通了地铁。北京地铁运营线路已达22条（如图2-8），在建17条，到2020年将形成30条线路运营的轨道交通网络。上海自1993年开通地铁以来，是目前中国及世界最长里程的地铁系统，已开通16条线路（不计磁悬浮），站点389座，运营里程达672千米。未来，城市轨道交通还会呈现更为多样化的发展，如跨座式单轨、悬挂式单轨等更多轨道交通方式，以满足城市绿色出行需求。

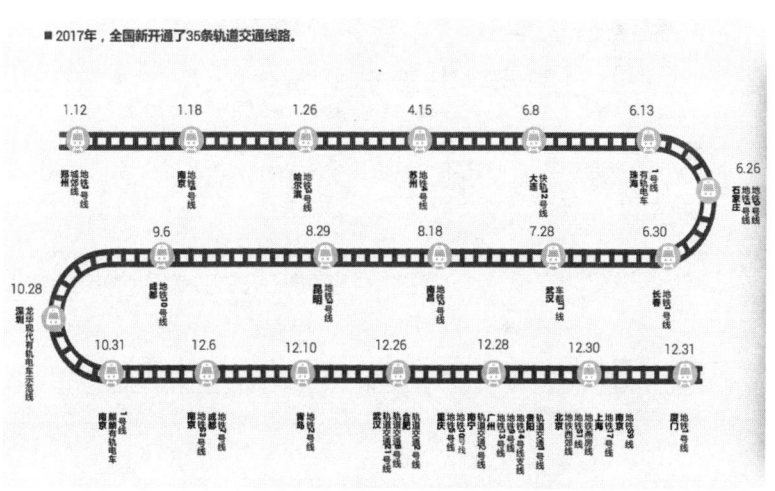

图2-7　2017年全国开通的轨道线路图[①]

---

① 高德地图、交通运输部科学研究院、北京航空航天大学交通科学与工程学院. 2017年度中国主要城市公共交通大数据分析报告.
[EB/OL].(2018-09-08)[2020-01-15].
https://www.sohu.com/a/252715556_483389

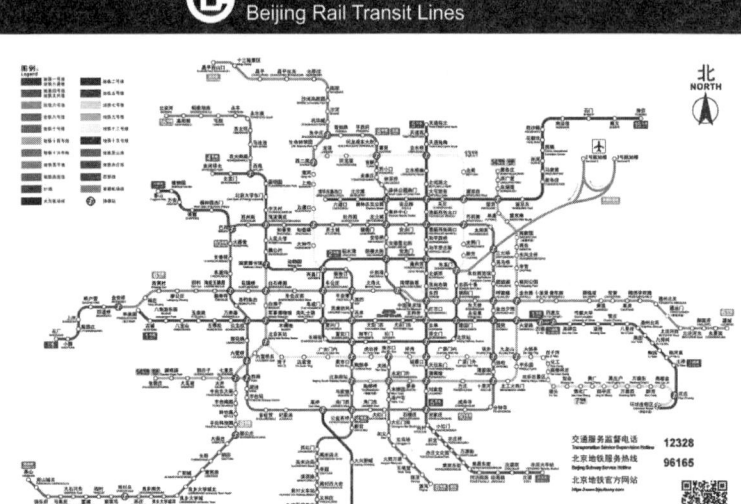

图2-8　北京地铁线路图（图片拍摄：王瑾）[①]

五、火车

1804年，由英国的矿山技师德里维斯克利用瓦特的蒸汽机造出了世界上第一台蒸汽机车。1840年2月22日，由康瓦耳的工程师查理茨里维西克设计的世界上第一列火车真正在轨道上行驶。1879年，德国西门子电气公司研制了第一台电力机车。

火车按照不同的分类标准可以分为：按速度等级分为常速铁路列车、中速铁路列车、快速铁路列车、高速铁路列车、超高速铁路列

[①] 北京市地铁运营有限公司.北京城市轨道交通线网图.
[EB/OL].[2020-05-30].https://www.bjsubway.com/station/xltzs

第二章 绿色出行的影响因素

车;按技术要求分为普速铁路列车、高速铁路列车、磁悬浮列车;按发动机分为内燃机车、电力机车、动车组列车。

图2-9 和谐号高速铁路列车(图片拍摄:王瑾)

清朝末年,中国的铁路才开始建设,经过100多年的建设,目前已经形成了一个较为发达的铁路交通网络。我国铁路建设在改革开放后,迎来了发展的高潮。国家大力建设铁路,改造已有线路。经过多年的发展,并且多次提速,使得铁路成为拉动国家经济发展和改善人民出行的重要政策方针。从2003年我国第一条高铁开通运营到如今四通八达的高铁网络建设完成。《2019年铁道统计公报》显示截至2019年底我国高速铁路营业里程达到3.5万公里。我国已建成了全球规模最大的中国高速铁路网。中国铁路总公司统计显示,2017年国家铁路旅客发送量为30.38亿人。虽然铁路拥有经济、快捷的优点,但随着人们环保意识的增强,铁路建设与运行产生的环保问题成为我国铁路建设史上最瞩目的焦点。国家已经出台了相关的政策法规,相信在国家建设生态文明方针的指导下,不久将会实现我国铁路"绿色"可持续发展。

由于火车速度快、运载量大、司机操作方便且受环境影响小等优点，在长距离、运载量大的情况下是最有优势的交通工具。所以探究火车在节能环保方面的改进方法才能够在绿色交通中发挥更大的作用。印度为解决这一问题推出了太阳能发电驱动的火车。印度表示，这是火车更加环保的"突破性跨越式发展"。由六节车厢组成的太阳能列车的车顶铺设有光伏电池板，同时配有电池组，从而能够使列车吸收太阳能，同时将多余的电能储存在电池中，保证列车在没有太阳的情况下的能量供应。但是该列车并不是完全意义上的太阳能列车，列车上的动力主要靠柴油提供，而太阳能主要提供用于照明系统、车门开关、广播等的能量。但是这一列车的出现仍然为绿色环保交通做出了重要贡献，此列车投入使用后将减少约2万升的柴油的使用量，同时也减少的碳的排放量。我国火车也朝着智能化、绿色化、标准化方向发展。中国标准新型高速动车组、节能型永磁电机驱动高速列车、时速500千米轮轨试验列车、时速600千米磁悬浮列车等先进轨道交通设备，为我国铁路轨道交通注入新的活力。

六、飞机

同其他交通工具相比，飞机有两个非常显著的优点，一个是速度快，一个是安全。飞机的飞行不受高山、河流等地面因素的影响，所以飞机能够快速地到达目的地。根据相关部门的统计发现，飞机的事故率明显低于火车、汽车，是更为安全的交通工具。

1903年，第一架飞机由莱特兄弟建造完成。从此飞机进入了世界舞台，并深刻的改变了人们的出行方式，如今更成为远距离出行必不可少的交通工具。

新中国成立初期，我国的民航基础非常薄弱，但是经过几十年的不断发展，我国民航运输总周转量翻了几十倍，与此同时，国际航线也飞速发展。另外，私人飞机领域也完全具备共享经济发挥作用的条件。私人飞机的使用率较低，每次飞行经常有很多空余座位，而且拥有和运营私人飞机费用高昂。由于，搭乘航空公司的航班有诸多不便，如机场安检、长时间候机、高峰期购票难等。私人飞机搭乘面向的是既想避免乘坐商用飞机花费较多时间，又不想或者养不起私人飞机的人群。

国家统计局数据显示，截至2016年我国民用定期航班航线达到3794条，定期航班航线的里程长达6348144千米，民用飞机共有5046架，其中包括运输飞机2650架，通用航空飞机2096架。2017年民用航空客运量达到55156万人，约是2000年客运量的8.2倍。在航空行业快速发展的同时，对于绿色航空的发展同样受到了重视。

2015年我国首款新能源飞机——锐翔RX1E电动双座轻型运动类飞机研制成功。锐翔RX1E飞机的能源来自锂电池，机体结构采用全复合材料建造，零污染，完全避免了传统通用飞机使用化石燃料产生的污染问题。2017年由沈阳航空航天大学辽宁通用航空研究院自主研发的锐翔RX1E－A型飞机研制成功，该款飞机是中国续航能力最强的新能源电动飞机，最大起飞重量600千克，最大升空高度为3000米，航行时长从原来的45分钟提升到2个小时。为了鼓励飞机制造业的发展中华人民共和国国家发展和改革委员会2018年指出：飞机制造行业2018年将取消外资股比限制，包括干线飞机、支线飞机、通用飞机、直升机、无人机、浮空器等各类型。

七、轮船

1807年,美国人罗伯特·富尔顿建造了世界上第一艘蒸汽机动力的轮船。轮船运输的主要优势在于成本低,能够完成大批量远距离的运输。而轮船运输的缺点也同样明显,轮船运输受到港口、季节、水位等方面的影响明显。

据2017年中国交通运输发展报告统计,我国水路客运量在2.83亿人,货运量达66.78亿吨。因为航运高效、安全、环保并能够大宗远程运输的优势,航运已经成为国际贸易的主要运输方式,为世界各国的经济繁荣发展做出了重要贡献。目前,国际贸易总运量的2/3以上都是由航运完成的。航运影响着国家经济的命脉,所以航运的发展受到国家高度重视。1961年中国成立第一家航运公司——中国远洋运输总公司,其成立之初的规模很小。随着我国经济的不断发展,21世纪之后,我国的航运事业飞速发展,迄今,中国港口货物吞吐量、集装箱吞吐量连续8年位于世界第一。我国的航运发展也开始关注绿色发展模式,一直在为推进水路运输节能减排,加强水资源保护做出努力。为了进一步提高轮船的节能环保性能,实施绿色交通,国家出台了《船舶水污染物排放标准》。对于船舶向环境水体排放含油污水、生活水、有毒液体的污水和船舶垃圾的排放提出了要求,以及实施与监督的要求。

我国的航运资源居世界第一,里程高达12.7万千米,水运量约占全国货运量的50%。2017年,我国研发出新能源电动船是世界首艘2000吨级新能源电动自卸船。该船在航行过程中达到了废弃污染物等零排放的要求,在航行过程中,不消耗燃油,达到《内河绿色船舶规范》的绿色船舶-Ⅲ最高等级。该船以锂电池和超级电容双电为动力，航速能够达到12.8千米/小时，可持续航行80千米。绿色船舶将为绿色交通发展贡献更大力量。为了鼓励发展，国家发改委2018年提出：船舶行业2018年将取消外资股比限制，包括设计、制造、修理各环节。

第四节 绿色出行与政策引导

政策引导通常是指政策对社会活动和政策对象的影响。政策对于国家的发展影响是非常显著的，并且时效性很强，能够强有力地实施下去。环境问题刻不容缓，所以出台相关政策方针是推进绿色发展非常有效的手段。在生态环境不断恶化的今天，建设生态宜居的城市成为今天城市发展的主题。一些欧美国家通过政府发布城市规划和污染治理的政策法规，来实现城市的可持续发展。而我国近年来也在不断加大绿色发展相关规章制度制定力度。

2010年，国务院办公厅转发原环境保护部等部门《关于推进大气污染联防联控工作改善区域空气质量指导意见的通知》，要求提高机动车排放水平，严格实施国家机动车排放标准，同时积极发展绿色交通，鼓励居民绿色出行。

2012年，《国务院关于城市优先发展公共交通的指导意见》指出，"要以节能减排为重点，倡导绿色出行，大力发展城市公共交通系统，实现低碳高效的交通方式"。同年，国务院印发《节能减排"十二五"

规划》要求建立以公共交通为重点的城市交通发展模式。《规划》提出"优先发展公共交通,有序推进轨道交通建设,加快发展快速公交。探索城市调控机动车保有总量。开展低碳交通运输体系建设城市试点。推行节能驾驶,倡导绿色出行。积极推广节能与新能源汽车,加快加气站、充电站等配套设施规划和建设。抓好城市步行、自行车交通系统建设。发展智能交通,建立公众出行信息服务系统,加大交通疏堵力度。"

2013年,国务院印发《循环经济发展战略及近期行动计划》,明确提出要倡导绿色出行,"完善城市交通系统,加强城市步行和自行车交通系统建设,加快发展轨道交通,推进不同公共交通体系之间以及市内公交系统与铁路、高速公路、机场等之间无缝衔接。引导居民外出多乘公共交通,少开私家车。在有条件的地区探索实行拼车出行,推广电话叫车、网络叫车,降低出租车空驶率"。同时,2013年国务院印发的《大气污染防治行动计划》也强调要加强城市交通管理。具体要求如"优化城市功能和布局规划,推广智能交通管理,缓解城市交通拥堵。实施公交优先战略,提高公共交通出行比例,加强步行、自行车交通系统建设。根据城市发展规划,合理控制机动车保有量,北京、上海、广州等特大城市要严格限制机动车保有量。通过鼓励绿色出行、增加使用成本等措施,降低机动车使用强度"。

2014年,国务院办公厅关于印发《能源发展战略行动计划(2014-2020年)》的通知,在通知中再次强调要实行绿色交通行动计划,要求"完善综合交通运输体系规划,加快推进综合交通运输体系建设。积极推进清洁能源汽车和船舶产业化步伐,提高车用燃油经济性标准和环保标准。加快发展轨道交通和水运等资源节约型、环境友好型运输方式,推进主要城市群内城际铁路建设。大力发展城市公共交通,加强城市步行和自行车交通系统建设,提高公共出行和非机动出行比例"。

2016年,交通运输部印发《关于实施绿色公路建设的指导意见》。在该意见中强调"建设以质量优良为前提,以资源节约、生态环保、节能高效、服务提升为主要特征的绿色公路,实现公路建设健康可持续发展"。该意见指出建设绿色公路将坚持以下原则:坚持可持续发展、坚持统筹协调、坚持创新驱动、坚持因地制宜。该意见同时为发展绿色公路指明了方向:统筹资源利用,实现集约节约、加强生态保护,注重自然和谐、着眼周期成本,强化建养并重、实施创新驱动,实现科学高效、完善标准规范,推动示范引领。

2016年,交通运输部印发《城市公共交通"十三五"发展纲要》,提出"到2020年,初步建成适应全面建成小康社会需求的现代化城市公共交通体系",并要求"城市公交供给侧改革取得突破,服务针对性和精准性显著提升,优选公交成为出行习惯,广大群众出行更安全、更高效、更舒适、更便捷"。

2017年,国务院《"十三五"节能减排综合工作方案的通知》指出"加强重点领域节能",其中包括"促进交通运输节能",并对该工作给出详细指导:"加快推进综合交通运输体系建设,发挥不同运输方式的比较优势和组合效率,推广甩挂运输等先进组织模式,提高多式联运比重。大力发展公共交通,推进'公交都市'创建活动,到2020年大城市公共交通分担率达到30%。促进交通用能清洁化,大力推广节能环保汽车、新能源汽车、天然气(CNG/LNG)清洁能源汽车、液化天然气动力船舶等,并支持相关配套设施建设。提高交通运输工具能效水平,到2020年新增乘用车平均燃料消耗量降至5.0升/

百千米。推进飞机辅助动力装置（APU）替代、机场地面车辆'油改电'、新能源应用等绿色民航项目实施。推动铁路编组站制冷/供暖系统的节能和燃煤替代改造。推动交通运输智能化，建立公众出行和物流平台信息服务系统，引导培育'共享型'交通运输模式。"

2017年，交通运输部印发《交通运输部关于全面深入推进绿色交通发展的意见》，再次强调"以习近平新时代中国特色社会主义思想为指导，紧紧围绕统筹推进'五位一体'总体布局和协调推进'四个全面'战略布局，坚持人与自然和谐共生的基本方略，牢固树立社会主义生态文明观，践行'绿水青山就是金山银山'的理念，以交通强国战略为统领，以深化供给侧结构性改革为主线，着力实施交通运输结构优化、组织创新、绿色出行、资源集约、装备升级、污染防治、生态保护等七大工程，加快构建绿色发展制度标准、科技创新和监督管理等三大体系，实现绿色交通由被动适应向先行引领、由试点带动向全面推进、由政府推动向全民共治的转变，推动形成绿色发展方式和生活方式，为建设美丽中国、增进民生福祉、满足人民对美好生活的向往提供坚实支撑和有力保障"。

中国的交通发展还面临着很多的挑战，但我们一直在为绿色交通的发展不断地探索着。中央高度重视绿色交通体系的建设问题，不断加强对交通方面的财政支出，加强对地方政府的监督。

第五节 绿色出行与经济调节

财政政策在国家发展过程中发挥保障、调节和引导的作用。要大力推进绿色出行的发展,国家财政政策的支持是必不可少。2018年国家发展改革委《关于创新和完善促进绿色发展价格机制的意见》明确了"坚持问题导向,坚持污染者付费,坚持激励约束并重,坚持因地分类政策"原则,"加快建立健全能够充分反映市场供求和资源稀缺程度、体现生态价值和环境损害成本的资源环境价格机制,完善有利于绿色发展的价格政策,将生态环境成本纳入经济运行成本,撬动更多社会资本进入生态环境保护领域,促进资源节约、生态环境保护和污染防治,推动形成绿色发展空间格局、产业结构、生产方式和生活方式,不断满足人民群众日益增长的优美生态环境需要"。近年来,一系列促进绿色发展的财政政策措施相继出台,取得了积极效果。在绿色交通发展上,财政政策的调节主要体现在税收、财政补贴、专项支出等方面。

税收调节效果明显,较为常见的如汽车消费税、车船税、燃油税等。以新加坡为例,一辆排气量在2L以上的小汽车拥车证的投标价格曾经高达7万美元,同时需额外支付的消费税高达车辆价值的2.5倍,此外,自1992年开始,其政府规定所有销售新车必须配备催化转化装置,而这又需要购买者额外再支付1200美元。① 在丹麦,购车者需按照小汽车重量和发动机排量缴纳相当于小汽车本身价值2~3倍的各项税款。在法国和荷兰,购车者需按照小汽车的车重和发动机排量缴纳相当于小汽车本身价值30%~50%的各项税款。再如,2018年2月北京市发布《北京市推广应用新能源汽车管理办法》与《关于调整完善新能源汽车推广应用财政补助政策的通知》,明确了2018年新能源汽车补贴按照中央与地方1∶0.5的比例安排市级补助,鼓励公众购买和使用新能源汽车。车船税方面,我国2018年《关于节能新能源车船享受车船税优惠政策的通知》规定,对于节能汽车减半征收车船税;对新能源车船免征车船税等促进能源节约与新能源使用。停车费方面也体现了各地对于新能源汽车的支持。北京针对纯电动车提出"免限行"政策。深圳提出"在实行政府定价管理的停车设施内充电(每天首两小时内)的新能源汽车免交停车费;鼓励实行市场调节价管理的停车设施内设置一定的免费停车时间,并对新能源汽车充电时减免停车收费"。西安市实施的优惠包括:新能源汽车不受西安市冬防期常态化限行措施限制;新能源汽车在全市公共停车场、物业管理区域内停车场,停放2小时以内免费;凡挂绿牌的新能源汽车,可以走公交车专用道。成都提出停车前两个小时免费且新建小区需要配套建设的停车位,必须100%预留充电基础设施安装条件,建成比例不低于10%。政府通过一系列税收政策,引导公众选购节能环保交通工具,推进绿色交通发展。

---

① 山东道路交通安全网. 国外交通管理高招[EB/OL]. (2013-03-22)[2020-01-15]. http://sdjtaq.cn/aq_show_1420.html

绿色交通的发展，离不开公共交通。然而，单独依靠公共交通的收入，无法承担公共基础设施和公交企业的运营。因此，国家对于公共交通发展增加经济投入即财政补贴，非常重要。尽管各国所采取的政策不尽相同，但都以积极的方式来促进与鼓励公共交通的发展。我国在公交补贴上，投入不断增加（见图2-11）。地方各城市也积极践行，如北京2007年到2013年公共交通补贴达958.6亿元。公共交通补贴常用于公共交通运营及服务企业补贴、石油价格补贴等，具体表现为地面公共交通设施建设、轨道交通发展、交通指挥中心建设、公共停车场建设等。此外，为促进公共交通企业提供高质量的服务，政府多采用合同与绩效考核相结合的方式加强对公共交通企业的运营监管，并通过服务质量绩效考核决定其运营补贴和绩效奖罚额度，保障公共交通有序发展。

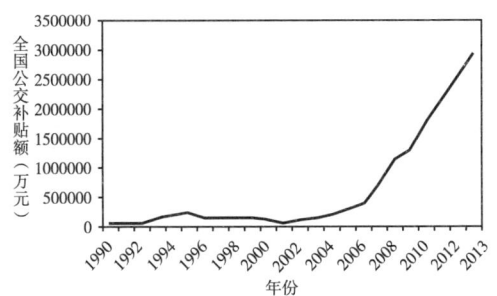

图2-10 1990-2013年全国公共交通财政补贴情况[①]

专项支出是政府对于交通重点领域的支持，如交通节能减排专项

---

① 章玉.公共交通补贴的效率与机制研究[D].重庆交通大学，2017.

资金。《交通运输节能减排专项资金管理暂行办法》表明"交通运输节能减排专项资金（以下简称：专项资金），是指中央财政从一般预算资金（含车辆购置税交通专项资金）中安排用于支持公路、水路交通运输节能减排项目实施的资金"，并特别指出"专项资金的使用原则上采取以奖代补方式，由财政部、交通运输部根据项目性质、投资总额、实际节能减排量以及产生的社会效益等综合测算确定补助额度"。

2017年《交通运输部关于全面深入推进绿色交通发展的意见》提出，"积极争取各级财政性资金对绿色交通发展的支持力度，促进交通运输行业应用绿色信贷、绿色债券等创新金融工具，拓宽绿色交通发展融资渠道，鼓励支持交通运输节能环保产业发展"。公共交通作为民生工程，其公益与福利的性质决定了公共交通不能完全走市场化道路。经济调节成为我国激励与引导绿色出行的重要手段。

第六节　绿色出行与公众行为

公众作为绿色出行的主体，其出行的选择与交通行为习惯是绿色出行是否有效落实的重要指标。然而，公众的出行选择受到多种因素的影响，如个人因素、家庭因素、出行特征属性、交通方式与服务水平等。在个人因素方面，如公众个体性别、年龄、职业、收入、受教育程度、是否持有驾照、身体状况等，都会影响其出行选择。例如，在共享汽车蓬勃发展的今天，持有驾照的人群在出行选择上比未持有驾照人群选择机会更多。家庭影响因素包括家庭总人数、儿童数量、家庭拥有交通工具数量等，如婴儿家庭与高龄老人家庭在出行时更注重出行的舒适性。出行特征属性涉及出行目的、出行距离与出行的紧急程度等，常见的商务出行往往选择舒适、快捷的交通工具。在交通方式与服务水平方面，准点率、出行成本、出行时间、出行距离等也是公众选择的重要因素。伴随着城市化的发展，城市规模越来越大，公众出行半径也相应增长。2015年，百度对上一年度网友因为工作花费在路上的时间和距离进行了网络调查，300多座城市的300多万人参与了调查。调查显示，9.18千米为上班族平均通勤距离，路上平均时间为28分钟。北京通勤距离为19.2千米、单程时间为52分钟，均位于榜首。调查指出，居住于东部的通州、西北部的昌平和河北省燕郊的上班族是距离最远的人群，每日往返住地与单位间的距离约为100千米。在此情况下，出行时间成为出行选择的重要因素。此外，快捷舒适的交通方式是人们所期待的，但是如果公共轨道交通或公交车过于拥挤，人们就会寻求其他的交通解决方案，比如拼车或自驾。因此，绿色出行一方面引导公众乘坐公共交通工具，另一方面也要在交通快捷与舒适度上不断改进与提升。

此外，公众的绿色出行习惯也影响着绿色出行。以绿色驾驶习惯为例，出行前计划好路线，减少绕道带来的不必要的能源消耗；私家车后备厢减少不必要的物品，每减少10千克物品，1000千米减少0.8升油耗；车子启动后慢行而无须原地热车，据统计原地热车超过1分钟，二氧化碳排放增加11.3%；保持直线驾驶比频繁变道的车辆每千米油耗平均节省12%；短距离不开车，一般4千米后发动机才能达到最佳状态等等。

随着国家绿色发展政策的相继出台，公民环保低碳生活意识的不断普及，各地区绿色出行活动如雨后春笋一般层出不穷。众多的绿色出行活动确实对提高公民环保意识，提高人民生活质量，缓解城市交通拥堵问题，缓解环境污染问题提供了非常大的帮助。如合肥市大力实施公交优先发展战略。经过道路运输结构的优化、新能源车辆占比的不断增加、政府部门的积极指导（如发布《合肥市关于鼓励和规范互联网租赁自行车发展的实施意见》），合肥最终成功入选全国"公交都市"。另一个比较成功的例子是云南节能低碳示范项目。长期以来，云南公路的养护需要消耗大量的煤炭，不仅仅对资源耗费巨大而且产生大量的污染物。经过对设备的改进，该项目达到了生产低能耗、低排放、低成本的目的。

绿色出行，践行以人为本。绿色出行不仅仅能够节约能源、提高能效、减少污染，而且对于个人来说更有益于身心健康，并兼顾出行效率。如利用共享单车出行，能够让人们锻炼身体的同时，多呼吸新鲜空气，增加室外活动，缓解快节奏生活所带来的精神压力，有益于缓解日益增长的抑郁问题。随着地铁等公共交通体系的完善，人们也越来越喜欢公共交通出行，在提高出行效率的同时还能减少对于能源的消耗和环境的污染。随着越来越多的绿色出行活动的展开，绿色出行已经深入人心，人们在力所能及的范围内，会有意识地做一些有利于环保节能的举动。

在交通方面，绿色出行在一定程度上缓解了城市交通拥堵的问题。绿色出行活动的不断举行，引导了一部分人乘坐公共交通或者利用共享单车出行，这在很大程度上缓解了城市拥堵的现状。城市公共交通网络越来越发达，覆盖范围不断扩大，而且很多公交车变成了电动公交车。电动公交车不仅有节能环保的优势，同时减少了噪音，更加激励人们选择公共交通出行。在我国积极推进生态文明建设的今天，大力发展"公共交通"已经成为必然趋势，公共交通网络的健全，不仅可以提高人们的出行效率，更能降低交通能耗和污染，并且实现城市经济效益、社会效益和生态环境效益三者的统一。绿色出行的生活方式将推动全社会形成更绿色、更环保的新风尚。

绿色出行活动，需要每一个人参与其中，只有当人们从内心理解并意识到其重要性时，才会时刻记起并积极响应实施。如今，关于绿色出行的宣传达到了空前的热度，活动形式多样，使得小到几岁的小朋友，大到七八十岁的老人都积极地参与进来。人们对于绿色生活、绿色出行的空前热情，为绿色出行提供了坚实的群众基础。

第三章

学一学：国内外绿色出行的案例

绿色发展新理念——绿色出行

本章选取有代表性的案例，从巴西的城市库里蒂巴的整合公共交通系统、交通工具的共享发展、挪威电动车发展、绿色出行政策、经济调节措施到北京居民绿色出行等多个案例，呈现世界多个国家和地区、不同城市对绿色交通理念与实践的有益探索和创新变革。

第一节 整合公共交通系统

城市公共交通如果能够实现无缝衔接，便会吸引更多的乘客，从而减少私家车的使用。国际经验认为，公共交通整合包括两个层面，即公共交通网络中所有交通工具、线路的整合；以及每种特定的交通方式和服务中，各设施和运营要素之间的整合。公共交通在以上两个方面获得成功整合后，将会明显提高交通的运营效率，缩短乘客的整体出行时间，增加乘客的满意度。巴西城市库里蒂巴在整合公共交通方面堪称典范。

一、城市背景

井然有序、清新自如是库里蒂巴留给人们的第一印象，这座巴西第三大城市，是巴西小汽车拥有率最高的城市，也是巴西公交使用率最高的城市。库里蒂巴城市结构具有典型的单中心集中布局的特点。市区面积432平方千米，人口159万，平均每平方千米有3680人，市域人口277万人、面积1562平方千米、人口密度1773人/平方千米。1990年，库里蒂巴成为第一批被联合国命名的"最适宜人居的城市"中唯一位于发展中国家的城市。

二、巴西库里蒂巴市整合公交系统发展沿革

1965年，库里蒂巴开始实施总体规划。

1974年，贾米·勒讷市长提出优先发展公共交通思路，在市区主干道规划公共交通优先道，并建成第一条纵贯南北的公共交通主干道。

1977年，南部地区通往市中心的公共交通优先道，建立"单一收费体制"，在一次公共交通出行中，购买一张车票做任意多次换乘。

1980年，建设封闭式大型公共交通站，为乘客提供快速、安全、方便的换乘线路；建成横穿市区纵贯东西的交通优先主干道，向市区以外各方向辐射的城市公共交通动脉网逐渐形成。

1991年，开通快速中巴，公布《公共交通客运服务条例》。

1992年，从瑞典引进大型高效客车，将运力提高为原来的3倍。

1996年，集中公共交通系统扩展到市郊，居民只需换乘一次便可到达市区。

1997年，公共交通优先的里程数增加一倍。

1999年，在原放射形公共交通网络基础上，建成以公共交通优先道为主的环城高速路。

三、公共交通状况

库里蒂巴没有轨道交通，但却形成了较为完善的公共交通体系。与开私家车外出相比，库里蒂巴人更愿意乘坐公交出行，这得益于它便捷的公交系统。

快速线、区际连线、支线、环线、大站快车线等构成了库里蒂巴强大的公交系统。管式车站、传统车站和大型通站是三类主要的车站。乘客可以在公交站台候车、购票、公交卡充值。车一到站，乘客能够在短时间内完成上下车的交换。为了方便残疾人上下车，站台有一个特殊的装置，加之站台和车辆之间安装有一块短板，让乘客在上车之前有一个和车箱底相同的高度，以减少上下车的时间。

截至2010年，库里蒂巴公共汽车有355条线路、2250余辆各类公交车，工作日平均日客运量约236万人，近80%的公交利用率，大大降低了汽车尾气排放对环境的影响。不同颜色的公交车功能也不同，依据分工，公共交通车辆可以分为6种方式运营：红色直达巴士（Express Buses）：在主干道上运营；银色快捷巴士（Rapid Buses）：在主干道和主要街道上运营；快捷双铰接巴士（Bi-articulated Buses）：在大容量干道上运营；绿色市区巴士（Inter-district Buses）：在城市中央商业中心区周围干道运营；黄色转运巴士（Feeder Buses）：在城市街道与地区终点站之间运营；白色特别线：为弱势群体服务。

2011年，库里蒂巴市引入了长28米、载客250人、使用大豆生物燃料做能源的公交车，提高了车辆的运载力，降低了能源消耗。如今，蓝色和红色的快速公交车全部使用了生物燃料。

四、公共交通管理政策和措施

1.总体政策导向

20世纪60年代中期起，库里蒂巴将公共交通作为城市总体发展规划的一部分；70年代开始建立并完善公共交通系统，城市规划及建设沿主要轴线交通走廊进行高密度综合开发。

2.运营服务管理规定

客运公司必须按指定路线提供服务；每个获准运营的公司必须按照有关规定备足车辆，最大限度地在其首选地区内满足乘客的要求。不在公交专用道上运行的车种，使用寿命最长为10年，而在公交专用道上行驶的车辆，最长的使用年限为12年。

3.其他政府措施

（1）财政支持。政府负责投入资金用于基础设施建设费用；票价收入则用于补偿营运性支出。

（2）发展步行和骑行区域。库里蒂巴大力兴建自行车道，在市中心设有步行区。

（3）乘车优惠。年满65岁以上的老人和5岁以下的小孩乘坐公交时可以免费。对有工资收入的库里蒂巴市市民，如乘坐公共交通的费用超过其收入6%的，其超过部分由政府补贴，6%以下由个人负担。对于在穷人区的穷人，可以用清扫卫生收集的垃圾换取公共汽车车票。

（4）停车政策。停车位数量非常有限且价格昂贵。

（5）雇员交通补贴政策。雇主必须为其员工提供交通补贴，同时规定交通花销不得超过公民个人收入的20%，而这当中，被雇佣者所应支付的交通费用不得超过其收入的6%，多于6%直至20%的用于交通的花销应由雇主承担。

第二节　交通工具的共享时代

英国首都伦敦是世界上交通最拥堵的城市之一，每年因交通延误造成的经济损失高达55亿英镑（约合484亿人民币）。《星期日泰晤士报》的报道显示，每年伦敦司机平均有101个小时（相当于12个工作日）被堵在路上，一些繁忙路段的公交车时速只有6千米，还没有18世纪的马车跑得快。

近几年，由于生活方式的转变、互联网购物的增加、周末购物和夜间经济的快速发展，伦敦的拥堵模式发生了转变，交通拥堵问题不仅仅发生在上下班高峰时段或伦敦中心区，而是扩散到了整个伦敦市及周边地区。在伦敦，75%的交通拥堵来自对有限街道空间的巨大需求，这靠单纯的交通管理无法得到根治。

伦敦也是许多伟大思想的诞生地：严复在这里穷求西方富强的奥秘，提出"中西会通"；达尔文在这里构想生物进化论，发现"物竞天择"；马克思在这里出版《共产党宣言》，喊出"全世界无产者联合起来"。伦敦也是许多伟大发明和商业项目的试验场:世界上第一条地铁在这里开通,第一本杂志在这里发行,第一盏交通灯在这里点亮,第一个中央银行在这里成立。交通拥堵和空气污染,同样催生了伦敦人绿色出行的新想法。

一、伦敦的共享单车

与国内一些城市无桩停放共享自行车不同,伦敦的共享自行车插在停车桩里。在伦敦用共享自行车,需要使用信用卡或者当地办理的借记卡,不能使用扫码开锁、微信支付。每一个借车点都由两部分组成:一排车桩,一个用来操作取车流程的大立柱。每个点都被他们称为停车站点。在大立柱的上面清晰地标注出了完整的用车流程。运营方把流程拆分为约车、取车、还车三步。

1.租车流程

首先,把信用卡插进大立柱,按照屏幕上的提示进行操作,就可以完成借车的步骤,完成之后它会吐出来一张纸条。纸条上写明了取车的操作方法,并且提供解锁码(release code),在停车桩上找到小键盘,输入这个五位数的取车码,就可以让停车桩解锁(五位解锁码由1、2、3这三个数字排列组合生成)。

2.租车价格

伦敦的公共自行车收费分为两个部分:租用费(hire)、骑行费(ride)。花2英镑,你可以获得一辆单车24小时的"使用权"。在这24

小时内，半小时以内的骑行免费（不限次数）；超过半小时的话，超出部分按2英镑/半小时的标准收费。另外，你必须在24小时内完成还车，如果车辆损坏或未归还则会被处罚300英镑。相比于国内的共享单车，即使不考虑汇率，这个价格也不低。当然，如果你每天多次使用而且每次都是半小时以内的短距离骑行，相对要划算一些。另外，运营方对于不文明用车行为的处罚力度也很高。

3.骑行规则

伦敦的道路交通规则是右舵行驶、没有专门的自行车道，而路又窄。为了安全起见，伦敦对骑自行车有较多的要求：比如要戴头盔、不能在人行道上骑车，甚至有的路段还不能骑车。总结起来，在伦敦骑车要遵守以下规则：

（1）英国有的路段是不允许自行车骑行通过，比如行人较多的路段、存在安全隐患的路段、景区路段等，一般在路口有个下车（dismount）的标志，如果遇到这样的路段，需要下来推着车走。

（2）英国的自行车不能载人，这项规定在英国更加严格，若违法最高的罚款为200英镑。

（3）在英国自行车同样遵守红灯停、绿灯行、斑马线上行人优先、禁止逆行等交通规则。

（4）换道或转弯的时候需要用手臂打方向。尤其是在十字路口或者环形交通枢纽（round-about），机动车需要给自行车让道，为了让机动车辆及早地做出反应，骑车人需要用手臂指示自己需要变道的方向，比如往左拐，需要抬起左手以示后面的机动车辆做出反应。

（5）英国的自行车不允许上高速路段，英国的大部分行车道

（carriageway）是允许自行车通过的，但是为了安全，如果有其他选择，尽量避免走行车道，因为车速太快，难免发生危险。

（6）人行道上不允许自行车行驶，除非一些小道上有明显的自行车标志才表示此道允许自行车通过。

4.如何防止共享单车堆在路边

伦敦的道路很窄，如何阻止共享单车变成城市交通的障碍，其核心是维持各个地区的共享单车供需平衡。在伦敦，桩多车少或者车多桩少的情况也时常出现。伦敦大学学院（UCL）时空实验室（Space Time Lab）和伦敦交通局以及自行车数据搜集平台STRAVA合作，将多方数据与信息融合，试图用算法来评估不同区域共享单车有序运营情况。

目前伦敦通过实时监测来评估每个站点的车辆停放情况，分为可以自平衡的站点和不能自平衡的站点，对于不能自平衡的站点，通过现有的供需实时数据来判断如何调整不同区域的车辆。

5.伦敦的共享单车半智能化

其实，伦敦的共享单车也是有App的，在App的界面里，列出了当前定位附近的租车点，并且显示出每个站点目前可以租用的车辆数量以及空余停车桩数量，还可以通过App完成上面流程中第一步"约车"的操作。这个已经具备了一定的物联网属性，但是它仍然没有脱离停车桩而存在，要想还车，仍然得找到一个停车站点才行，不是完全的"智能共享单车"。

二、其他地区的共享单车

欧洲是"公共自行车"（Public Bicycle）最早兴起的地方。1965年，荷兰阿姆斯特丹一个失败的"白色自行车计划"，偶然促使了共享单车的诞生。于是，在崇尚低碳环保的西方国家，这种缓解交通压力、利于人们轻便出行的便捷自行车租赁方式便流行了起来。

纽约的城市共享单车系统，很早以前就提上了议程，直到2013年才正式投入运营。迄今为止，在纽约的商业旅游中心曼哈顿已经建成了300多个无人看管的停车点，并配备有6000多辆共享单车。但是纽约的共享单车每次只能使用45分钟，如果超过了45分钟，租客便需要交纳超时费用。使用周卡、日卡，每次使用时间是30分钟。年卡的费用是95美元，周卡和日卡的费用分别为25美元和10美元。

共享单车的出现，也为台北这座美丽的旅游城市带来了一股清流。台北的共享单车还有一个非常亲民的名字，叫作Youbike微笑单车。于2009年正式投入运营，并且由台湾捷安特协助负责。台北共享单车的租金是按照租用时间段来划分的：4小时以内，每30分钟10台币；4-8小时，每30分钟20台币；超过8小时，则是每30分钟40台币，依次叠加。

共享单车真正全球走红，其实是从巴黎的"自助式自行车服务系统"开始的。在2007年，充满了法式浪漫色彩的巴黎街头，突然出现了一群骑着公共自行车的俊男靓女，这让本就风景宜人的老城显得更加美丽动人。现在的巴黎，一共有2万多辆共享单车和1800多个租车点位。租金：每日1.7欧元，每星期8欧元，包年29欧元；每租一次，前半小时免费，之后每半小时收1欧元，一个半小时以后每半小时收2欧元。

作为旅游大市，澳大利亚墨尔本为了保护绿色环境和吸引世界各地更多的游客，于是推出了"自行车之旅"的项目，如果你早已习惯租用自行车，那么你还能参加天鹅街之旅、亚拉河或者菲利普港湾之旅。和伦敦一样，墨尔本的共享单车在30分钟以内都是免费的。超过30分钟以后，每天的租金是5澳元，租用的次数不限。但是还车时间不能超过2小时，否则就要加收超时费。

三、伦敦交通战略草案

今年6月份，伦敦新任市长Sadiq Khan的《2017年交通战略草案》（Draft Mayor's Transport Strategy 2017）正式公布并征求公众意见。草案释放了一个信号：为了实现2041年步行、自行车和公共交通出行比例80%的目标（2015年占64%），继2003年推出拥堵费政策之后，伦敦正在考虑对私人小汽车每一英里的旅途开始收费。

面对着越来越多的人口——2041年大伦敦人口预计将从2015年的870万人增加到1500万人——和越来越严重的交通拥堵情况，市长表示，"伦敦人需要安静、安全、无障碍的街道，这些街道并不是由机动车主导，而应该适于步行、自行车以及仅仅在此享受光阴"。

为实现这个目标，该战略将减少对汽车使用的需求作为首位目标，旨在通过健康街道健康市民（Healthy Streets and Healthy People）、提升公共交通体验（A Good Public Transport Experience）来改变市民的出行模式，进而围绕着新的出行模式在城市内规划新的居住和就业场所（New Homes and Jobs）。

草案提出健康街道方法的应用将创造出吸引人的、不被汽车主导的街道。这将意味着改善公共交通服务，通过步行或骑车将其更好地连接到停车场或车站，使整个旅程比使用汽车更具吸引力。这将意味着围绕步行、自行车和公共交通来规划新的住宅和就业，使得伦敦未来的增长不会导致更大的汽车依赖。

根据草案，伦敦创建鼓励步行、骑车和使用公共交通的街道和路线，减少汽车依赖及其产生的健康问题。街道占伦敦公共空间的80%，实现健康街道将提升在城市里工作和生活的体验。市长的目标是，到2041年，所有伦敦人每天至少能有20分钟的积极出行。为此，将改进街道和街区的设计，以使其更适于步行和骑车；规划一个新的全伦敦范围内的自行车道网络；将会形成更多的无交通地区（traffic free zones），首先是牛津街的转型，包括将街道上的机动车交通关闭。同时，为了减少交通的碳排放，伦敦需要较早地引进和扩大超低排放区（ultralow emission zones）。

新版伦敦市长交通战略草案中另一大交通战略是提升公共交通体验，即利用健康街道的方法促使短距离出行向步行或骑自行车转移，然后通过将WiFi引入地铁、适当给予公共汽车优先权、保持公共交通的优惠票价等多种举措，提高公共交通服务水平，增加其公共交通吸引力；同时，与步行、自行车交通无缝衔接，形成对个体机动化出行的竞争力，从而削弱小汽车的主导地位。

表3-1 伦敦交通战略：健康街道十大指标

1. 清洁空气	改善空气质量可以为每个人带来好处，减少健康不平等的现象。
2. 欢迎所有人步行	伦敦的街道应该欢迎所有人行走、花时间以及参与社区生活。
3. 便于穿越	使街道更容易穿越有利于鼓励更多的步行和社区之间的连接。人们喜欢直接的路线，能在自己方便的时候过街。物理障碍、车辆快速移动或重型交通会使街道变得越来越难穿越。
4. 庇荫地和庇护所	无论下雨、日晒和大风，都有庇荫和避风场所，无论天气如何，任何人都能使用街道。
5. 驻足和休息的空间	缺乏休息的场所会限制某些人群的流动。确保所有人都有驻足和休息的场所会让所有人包括企业受益，因为人们会更愿意在街道上漫步、花时间或与人会面。
6. 不太吵	减少机动车噪声影响将使健康获益，改善街道环境氛围，鼓励积极的交通和人际交往。
7. 人们选择步行/自行车和公交出行	步行和骑自行车是最健康和最可持续的交通方式，无论是作为全程出行模式还是公共交通出行的一部分。成功的交通系统鼓励并使更多的人能够更频繁地步行和骑行。这只有在减少机动车的数量和主导地位，改善街道体验的情况下才会发生。
8. 人们感到安全感	任何时候，整个社会都应该在我们的街道上感到舒适和安全。人们不应该担心道路上的危险，或遭遇人身安全上的威胁。
9. 有可看的景色，可做的事情	当人们的旅程有趣和刺激，拥有有吸引力的视角、建筑、植物和街头艺术，同时其他人也在使用这些街道时，他们才更可能使用街道。如果人们需要的商店和服务在短距离之内，他们将不需要开车，因此会减少对汽车的依赖。
10. 人们感到放松	如果我们的街道不是由机动车主导，而且步行道和自行车道不过度拥挤、肮脏、凌乱或失修，那么更多的人会选择走路或骑车。

伦敦面临的交通问题,与我国北上广深等大城市相似。伦敦草案里提出的解决方案与思考,及其倡导的大力推行绿色交通和转变城市规划思路也颇为引人关注,可以为我国城市的可持续交通发展提供借鉴与启发。

四、其他共享模式及服务

提高交通工具的实际使用效率是交通管理者一直以来的追求,在共享经济的浪潮下,电动自行车、汽车、飞机、船只都在以共享的方式影响着人们的出行方式。

在大城市,私家车的普及率较高,仅北京市约每四个人就拥有一辆汽车,不少家庭还拥有两辆汽车。但是,私家车的利用率并不高,按照三口之家来算,每年每人的购车和养车成本较高,大城市停车的时间成本和经济成本也较高。在工作日,车主除了在早晚交通高峰时会用到机动车,一天中的其他时间对车辆的使用大大减少,这就提高了机动车的空置率。诸多原因促成了私家车搭乘、租赁、拼车、顺风车等共享模式的出现。

1.私家车搭乘

私家车主和用车人通过进入Uber、Lyft、SideCar、Shuddle、滴滴等平台,寻找同一路线的"驾驶人和乘车人",构成了便捷的私家车共享。与以前的"黑出租"不同,拼车需要符合顺路、提供者提供服务次数有限和合乘目的由提供者发布等多个条件。不过,无论是"专车"还是"拼车",多数是打着"商务租车"和"拼车"名号的私家车载客运营。

2013年12月31日,北京市交通委公布《北京市交通委员会关于北京市小客车合乘出行的意见》,这是国内首个关于拼车的指导意见。北京市交通委解释称,小客车合乘是缓解城市交通拥堵、减轻机动车排放对大气污染的解决办法之一,将规范北京市小客车合乘行为,保护合乘各方的合法权益,区别合乘与非法运营,并且首次认可乘客合理分摊"拼车费"。

尽管在实际操作中,拼车软件定义的合乘与官方定义的合乘并不统一,在搭车信息方面,大多拼车软件许可车主和乘客都发布搭乘线路,小部分软件只许可乘客发送乘车信息;在搭乘时间上,有的软件仅限上下班时间,会在选定时间方面有一定限制,有的软件支持任何时间地点的搭乘请求。而基本没有软件涉足长期合乘需求的匹配,也就是说,拼车软件大多可以"临时随意"地填写出行目的和出行时间,一次性出行是主流服务模式。

私家车搭乘既调动了庞大的闲置私家车和司机资源,也间接绕过了出租车牌照管制,极大扩展了市场供给;同时,其基于互联网平台的中心调度和数据挖掘,改进了乘客和车辆的匹配。

2.私家车拼车

北京全市有约600万辆私家车,而出租车只有不到10万辆。即使加上以"商务租车"和"拼车"名义运营的私家车,数量也无法与私家车相比。随着人们共享意识的提高,这些私家车在出行中被挖掘出旺盛的拼车需求。早在各类拼车软件出现之前,就有许多人在大型社区网站召集拼车,有拼车需求的人们还自发建起各种拼车QQ群。此后,以AA拼车、顺风车等为代表的PC端拼车网站兴起。拼车的人群中既包括上下班通勤拼车,也有长途拼车;既有一对多拼车,也有一对一拼车。其中,大巴拼车通常与巴士租赁公司合作,除了针对C端通勤需求之外,也面向B端已开通企业班车的公司,将其班车运营社会化,以提高载客率、降低成本。

2016年12月,为清洁空气、节约能源、缓解交通拥堵、方便出行,规范本市私人小客车合乘行为,保护合乘参与人的合法权益,北京市交通委、北京市公安局等机构联合研究制定了《北京市私人小客车合乘出行指导意见》,废止了2013年的《关于北京市小客车合乘出行的意见》。新的《指导意见》定义"私人小客车合乘"为拼车、顺风车,是由合乘服务提供者事先发布出行信息,出行线路相同的人选择乘坐驾驶员的小客车、分摊合乘部分的出行成本(燃料费和通行费)或免费互助的共享出行方式。《指导意见》还对合乘出行、合乘原则、驾驶员等提出了要求:

(1)合乘出行作为驾驶员、合乘者及合乘信息服务平台各方自愿的、不以营利为目的的民事行为,相关责任义务按照有关法律法规的规定由合乘各方自行承担。

(2)私人小客车合乘应当遵循公益合乘优先、民间互助自愿、维护合法权益、合乘信息真实、分摊成本合理、严禁非法营运的原则。

(3)合乘双方可以合理分摊合乘里程消耗的油、气、电费用和道路通行费用。

燃油小客车油费参照车辆标定的燃油消耗量、合乘里程及实时油价进行计算,使用气、电为动力的小客车参照该标准计算。

(4)驾驶员应有1年以上驾龄,身体健康;在合乘中应当依法自律、安全驾驶；所选择的线路应当符合顺路便行的原则。

提供合乘的车辆须是驾驶员本人所有的、具有本市号牌且经检验合格的7座以下小客车。

（5）驾驶员应当事先发布出行信息，与合乘者约定行驶线路、出行时间、乘车地点、费用分摊、安全责任、人身保险等事宜。驾驶员提供合乘服务每车每日不超过2次。

合乘双方应当提供真实有效的个人信息并进行核实，确保合乘规范和安全。

（6）合乘信息服务平台应履行下列义务：

①实行实名注册，内容应当包括：驾驶员身份证、驾驶证；车辆行驶证及保险状况等信息；合乘者身份证；驾驶员、合乘者的手机号码；不得为驾驶员和车辆条件不符合要求、登记事项不完备的合乘行为提供注册和合乘信息服务；

②所提供下载的合乘软件合乘功能应与巡游车、网约车软件功能分别设置，后台数据分开；合乘软件应当为合乘双方提供协议文本；

③按照本意见第四条的规定计算合乘分摊费用，按合乘各方人数分摊；

④每车每日派单不超过2次；

⑤驾驶员和车辆如发生违法行为或不符合相关条件的，合乘信息服务平台应当及时注销其注册信息、停止提供合乘信息服务；

⑥应当妥善保护合乘双方信息，不得侵害用户合法权益和社会公共利益；接受交通、公安、通信、网信等部门依法监管。

（7）禁止任何企业和个人以合乘名义开展非法营运。对收费明显高于合乘计费标准、提供合乘服务超过规定次数、以私人小客车合乘名义提供网约车经营服务的,由执法部门依法予以查处。

3.顺风车公益项目

从1998年至今,王永的"顺风车"公益活动已经走过了整整20年,让数万车主身边的空座成为他人回家的希望。从1998年到现在,王永开顺风车的脚步始终没有停下,2010年年底,北京出台治堵综合方案,首次提出规范合乘出行。在王永看来,政府方面比较保守,不提"鼓励合乘",先规范再说,也许更多的是出于安全上的考虑。王永了解到,每天行驶在大街小巷的小汽车,其实很多车里只坐了一两个人,如果80%以上的个人驾驶私车能够捎上一两个人,不仅交通状况会好很多,而且还节能环保。

王永一直在寻找契机。2012年1月中旬,春节即将来临,王永联合郎永淳、赵普、陈伟鸿、邓飞等名人在微博上发起"春节回家顺风车"活动,提出的口号表达着他们最简单、最朴素的心愿:"让你身边的空座,成为他人回家的希望"。目的是尽量多帮助一些在外拼搏的异乡人回家与家人团聚、过年。

活动在微博上反响热烈,不少车主加入进来,愿意奉献一份爱心,更多买不到车票的异乡人看到了回家的希望。从2012年1月10日开始至2月10日结束,提供空座的车主约600人,成功配对约1000人。2013年1月,王永发起成立"顺风车公益基金",他担任主任委员,中国的顺风车活动有了属于自己的组织。"春节回家顺风车"活动每年在春运期间成功帮助数以万计的人员免费回家或返城。

4.共享电动自行车

随着共享经济的快速普及,共享电动自行车也进入了人们的生活,这是一种新的交通工具,通过扫码开锁,循环共享。

图3-1 北京街头的共享电动车——小蜜单车(图片拍摄:刘敬奇)

其实共享电动车的起步并不比摩拜和ofo晚,只是太多的运营商选择校园或者是景区作为运营范围,不受人们的关注。国内已经出现了包括芒果电单车、小蜜单车、猎吧、租八戒、小鹿单车、电斑马、ebike、八点到、7号电单车、萌小明等一系列从事电动车租赁的公司,并且还有一些传统电动车制造商也在考虑以电动车切入到共享出行领域。

2017年3月,共享电动车蜜蜂出行首现北京,收费模式0.5元每千米+0.1元每分钟。这款新型电动车也是通过扫码开锁,尾部挡泥瓦的黑黄相间条纹看起来很像小蜜蜂的腹部,前面装有车筐。

收费上，目前共享电单车主要有按里程计费和按时间计费两种，如7号电单车是按里程计费，而像"萌小明""芒果电单车"则是按时间计费。

表3-2 共享单车计费标准

正常计费	
5千米以内	2元
>5千米	+1元/千米
超时收费	
1小时以内	不收费
>1小时	+10元/小时
不在指定停车点还车收费	
按距离扣"非定点还车费"	

2018年1月，工业和信息化部发布《电动自行车安全技术规范》强制性国家标准，调整完善了车速限值、整车质量等技术指标，其中，最高车速由20千米/小时调整为25千米/小时，整车质量（含电池）由40千克调整为55千克。同时，该标准也全面提升了电动自行车的安全性能，针对性地增加了防火、阻燃、充电器保护等安全内容，而且对外形尺寸等关键性能严格限定。

5.共享单车

最近几年，共享单车在城市居民的生活中扮演着越来越重要的角色。摩拜单车、小黄车、小蓝车等相继出现，给人们的出行带来了快捷与方便。

对于都市人来说，从公交车站、地铁站，到社区、超市、银行、医院，总是在最后的几千米遇到接驳困难。这个问题困扰城市管理者，也困扰着出行的市民。正是共享单车的出现，解决了这一难题。

早晚高峰，共享单车多聚集在地铁口，然而到了晚上，共享单车又会从地铁口转移至社区门口。次日清晨，大量的共享自行车又会随着人群涌向公共交通附近的自行车停放处。这条轨迹与人们每日的工作生活轨迹基本一致，这也从一个侧面反映了共享单车对于人们出行的重要性。

有数据显示，截至2018年9月，摩拜单车已经进入19个国家和地区的200多个城市，用户超过2亿。北京市16家共享自行车企业投放运营车辆达220万辆。有学者认为，骑自行车除了节能环保、有益健康以外，还可以提升一个城市的活力。

为了推广共享单车，各运营公司分别推出免押金、月卡、季卡、年卡等优惠项目，而单车使用频次的增加也对车辆的保养和停放管理提出了更严格的要求。单车停放占用行人通道、盲道，导致小区门口拥堵等现象愈演愈烈，这也引起了不少公众的批评和指责，甚至有人将共享单车扔至河流湖泊当中，造成环境的污染和资源的浪费。因此，共享单车运营商面临的挑战不仅仅是以优惠的价格吸引顾客、占有市场，更应该通过良好的体验培育健康的骑行文化。

6.汽车厂商的共享服务

随着私家车进入共享市场的份额不断提高，供给与需求的匹配越来越容易，加之一些城市对机动车的保有量有所控制，这对汽车销量的影响也将越来越大。汽车厂商和传统租车公司看准租车市场，也涉足了租车业务。

以宝马和戴姆勒公司为例，它们推出了汽车共享服务。为了更具有吸引力，它们不再按天计费，而是按分钟计费；有些城市甚至推出了随处租车还车服务，这大大降低了用车人的时间成本和经济成本，提高了汽车的利用率，实现了对私家车的替代。

2011年6月，由宝马集团和汽车租赁公司Sixt各占50%股份合资成立的Drive Now公司在德国慕尼黑推出汽车共享服务。2018年1月，宝马已经全额收购了Sixt在Drive Now中所持有的股份，Drive Now是宝马同Sixt联合组建的合资企业。用户可以通过手机APP搜索附近的汽车，在使用之后不用把汽车归还至接车的地点，而只需将汽车开到目的地附近的归还点即可。

如今，Drive Now服务范围已覆盖欧洲的13个城市，运营车辆达6500辆，用户数量约100万户，其中德国约72万。与其他传统租车服务不同，宝马鼓励用户的自发性。Drive Now无须提前预订的灵活方式，使其很容易脱颖而出，并适应都市生活的节奏。在伦敦的Drive Now服务，需要事先交纳29英镑的注册费用，并按照每分钟的39便士（约合1.5元人民币）的费用计时收费，对于活跃用户的资费则降至每分钟32便士。为了推广Drive Now，用户只需要上传Drive Now旗下的一款车型照片到Facebook上，就可以获得100分钟的免费服务。

与Drive Now类似，戴姆勒集团早在2008年就成立了以Smart For Two作为主要车型的汽车分享公司Car2 Go，车型小巧的Smart For Two在面对都市街区时显得更加灵活。Car2 Go同样是按分钟计费，租车用户使用智能手机即可打开门锁，进入车内后输入密码获取钥匙，到达目的地后，只需将车停放在指定运营区域内的任意公共停车场即可。

Car2 Go主要采用奔驰smart组成单程、自由流动式汽车即时共享体系。租车人无须在指定地点租车和还车，租车用车更为便捷、灵活。如今，Car2 Go车队共有约14000辆汽车，业务范围涵盖北美、西欧和中国的26个城市。Car2 Go在全球拥有约300万用户，其中德国约87万。

Car2 Go业务于2016年底前进入50个新城市，中国的大城市是其重点发展的对象。作为进军亚洲市场的第一步，重庆成为该公司在亚洲的首个试点城市，并于2015年在重庆投放数百台Smart For Two汽车。

五、共享飞机

除了最为常用的乘车与租车，私人飞机具有共享的发展空间。私人飞机的使用率较低，飞行过程中也有一些空余的座位，而且购置和运营私人飞机的经济成本颇高。同时，搭乘航空公司的航班有诸多不便，包括机场安检和等候时间较长、高峰期一票难求等。私人飞机搭乘面向的是既想避免乘坐商用飞机花费较多时间，又不想或养不起私人飞机的人群。目前，美国市场上有BlackJet、AirPooler、SurfAir等私人飞机搭乘平台。

第三节　挪威探索新能源交通工具

挪威位于欧洲大陆北部斯堪的纳维亚半岛西海岸，与丹麦、瑞典和芬兰接近，有"万岛之国"的美名。挪威领土南北狭长，海岸线异常曲折，国土面积约38万平方千米，人口约523万，主要分布在西南、南部和东南部沿海一带，其中四分之三的人口生活在离海不到15千米的地带，城市人口约占总人口71%，北部寒冷的广大地区无人居住。

挪威是高度发达的工业化国家，石油工业是国民经济的重要支柱，挪威也是西欧最大的产油国和世界第三大的石油出口国。尽管挪威靠石油致富，却在奋力绿色转型，这一点从居民对电动车的偏爱可见一斑。

数据统计，挪威是当今世界人均电动车拥有量最高的国家。根据挪威国家统计局数据，截至2016年底，挪威登记在册的电动汽车超过了10万台（挪威人口约520万），平均每52人即拥有一辆电动车。近年来，挪威电动车销量和市场保有量以每年接近100%的速度递增。

2014年，挪威机动车销量排行榜前十位中，两款纯电动车分列第三和第五位，全年电动车销量占新车销量的八分之一。根据国际能源署的统计数据，2016年挪威电动汽车占有率近30%，名列全球第一；2017年，挪威电动车约为14.25万辆，比2016年增长了四成，新销售的纯电动车和混合动力车占52%，已经超过汽柴油车。

挪威政府对这一数字并不完全满意，其计划在2025年全面禁止销售化石燃料汽车。这一行为也被其他一些国家效仿：英国计划在2040年禁止销售和购买新的柴油车和汽油车，电动汽车等新能源车辆才会被允许销售；法国计划于2040年禁止销售柴油车和汽油车，将会推动电动汽车发展；荷兰劳工党公开提案，从2025年起禁止在荷兰销售柴油汽车和汽油车。此外，印度由于饱受空气污染之苦，也曾对外表示，到2030年只销售电动车。

一、挪威电动车的发展得到政府和非政府组织的双重推动

1.电动车主管机构和参与推动的非政府组织

（1）电动车主管机构。挪威电动车之所以发展迅猛，与人们环保意识提高、收入增加及政策优惠密不可分，这其中更离不开主管机构的有力推动。参与挪威电动车发展的政府部门涉及交通部、能源局、公路局等。几家政府机构各司其职，从规划、预算、资金、基础建设、数据等多个方面，将电动车的发展、推广和使用整体统筹起来。比如，挪威电动车的政府主管部门是挪威交通部，该部的职责之一是制定电动车发展的整体规划，并管理相关预算。而交通能源局（Transnova）负责电动车的具体推广，以及充电桩等基础设施的建设和数据统计。至于电动车车型动态数据库，则由挪威公路局运营。

（2）参与推动的非政府组织。电动车发展的工作除政府组织以外，一些面向大众的事务性工作则由非政府组织负责实施。比如，"绿色汽车"组织、挪威电动车协会、"零排放"组织等。其中，挪威电动车协会（Norwegian electric vehicle association）成立于1995年，该协会在网

站发布电动车行业的发展动态,向公众普及电动车的相关知识,并且提供贴心的电动车购买指南。另外还由一些网站也开辟了介绍电动车信息、用户体验的栏目。

二、推动挪威电动车发展的普惠政策

挪威政府为何如此大力发展电动车?其最主要目的是为了减少温室气体的排放。挪威政府在交通领域的二氧化碳减排目标为:到2020年,由机动车排放的二氧化碳由2012年的130克每千立方米降低至85克每千立方米。

为了推动公众购买使用电动车,挪威政府都做了哪些鼓励措施呢?表3-1列出了各个环节的具体内容。据欧洲汽车工业协会报告显示,挪威对电动车的推广可以用最大和最多来形容:推广力度最大,普惠政策最多。

表3-3:挪威推出的电动车鼓励政策

实施年份	政策内容
1991	免除登记税
1993	公共停车场免费停车
1996	减免年度牌照费
1997	免交过路费
1998	减免个人使用公车应缴福利税
2001	免除增值税
2003	允许私人电动车使用公交车道

续表

实施年份	政策内容
2009	免渡轮船票
2011	插电式混合动力车减免部分登记税
2012	插电式混合动力车可使用电动车的免费停车和充电设施
2013	插电式混合动力车进一步减免登记税

挪威社会各界对电动车的优惠政策持不同的态度，一些科研机构和政府部门认为补贴成本高；也有人认为，电动车减少的二氧化碳成本远高于其他措施；而且随着电动车的增多，充电桩跟不上车主的需求；同时，电动车占用公共交通的道路，造成乘坐公共交通时间成本的增加。也许是早有预料，抑或是政府部门决心坚定，尽管大力发展电动车也受到质疑，挪威政府依然维持现有的优惠政策。

第四节 支持绿色出行的政策

最近几十年，全世界机动车数量快速增加，随之而来的空气污染和交通噪声、道路拥堵、燃油消耗以及土地占用等问题。尽管汽车生产商一直在积极研发诸如氢能、太阳能等新能源汽车技术，但降低现有的汽车使用频度，选择更理性的出行方式已经成为摆在各国政府部门面前的一个难题。

作为消费个体，追求舒适的交通方式出行并不是一种错。但是，作为代步工具，如果每个人都不分出行距离长短、周边配套公共交通的便捷设施，而是一味地追求汽车消费，甚至出门一千米也要开车，这样的想法和做法会造成交通越来越拥堵、停车难、空气污染加剧等一系列负面影响。

因而，积极推动政府对汽车消费行为的科学引导，建立以"绿色交通体系+绿色出行"调控格局迫在眉睫。引导公众以地铁、公交车、骑行、步行等方式替代小汽车出行，以资源节约型、环境友好型的出行方式促进交通效率的提高是政府干预的主要方向。

一、减少汽车出行的政策及措施

1.出行需求管理政策

出行需求管理（TDM）政策的主旨是减少或者控制机动车出行的数量，促进机动车的科学合理使用，20世纪90年代以来被国外交通管理者逐渐采纳。TDM是指为了实现减少拥堵、节约费用、提高安全性能、改善非驾驶员出行、节约能源、减少污染等特定目标，所采取的影响出行行为的政策、技术与管理措施的总称。

TDM又可以细分为软政策和硬政策两类，软政策顾名思义表现得更为温和一些，通过提供个人化营销、定制信息等，激励个人自愿地减少对汽车的使用，将汽车出行改为绿色出行模式，实现每次出行平均消耗的化石能源尽可能地少，最常见的是步行、骑行和公共交通。硬政策的目的是"通过增加汽车使用成本来控制或减少汽车出行的数量、禁止或定量配给汽车的使用等"，如现在国内一些城市采用的"尾号限行""摇号"等。

2.基于网络的KonSULT知识库

欧盟委员会针对可持续交通制定了如下目标：满足对可达性的基本要求以及发展需要；保障安全以及人类和生态健康；倡导当代与后代的平等；廉价、公平和高效；多样化交通选择；支持经济竞争，平衡区域发展；在地球可承受范围内限制排放和浪费；在可再生和替代的速率下使用资源；毒地利用和噪声影响最小化。此外，减轻拥堵、为经济增长做准备等问题同样值得关注。

表3-4 促进汽车出行减少的政策分类*

类别	成分	事例	目的
硬政策	金钱	经济政策，如道路收费、燃油/汽车税收，以及有形的改变措施，如改进步行、骑自行车和公共交通的基础设施和服务等。	改变出行方案
	权力	规制出行的法律或政治权力，如在市中心禁止汽车通行及停车控制。	
软政策	言语沟通	大众沟通和个人化沟通。大众沟通即公共信息宣传，个人化沟通基于人们的实际出行行为和态度，提供定制化信息，包括人际交谈、研讨会、教育和出行反馈项目，具体可以采用个人化营销、出行混合及个人出行规划等手段	通过改变信念、态度和及价值观来改变出行行为

★ 刘宇伟.国外减少汽车出行的政策与措施[J].城市问题，2012（09）：86-90.

仅仅依靠科学技术难以满足可持续发展交通的拟定目标，为此，英国里兹大学开发了KonSULT（Knowledge base on Sustainable Urban Land use and Transport）知识库。KonSULT建立在可持续的土地规划利用和交通发展现状基础上，包括近50种政策信息、6种政策工具：

（1）土地利用。公共土地的高密度使用和公共交通的混合发展，能够减少出行的距离和汽车使用率。例如住宅密度增加1倍相应可以减少30%的出行距离，限制停车政策促使出行者不得不选择其他交通方式。

（2）基础设施。新增加的道路在一定时间内可以缓解拥堵，但是也会吸引更多的交通量。数据显示，新建城市道路上80%的交通量是由新建道路产生的。轻轨可以吸引汽车使用者，通常只有20%的乘客是原汽车使用者，20%是新增乘客，其余则是由公共交通使用者和步行者构成。同时，道路、轻轨等基础设施项目建设和养护成本都较高。快速公交（BRT）是一种介于快速轨道交通与常规公交之间的新型公共客运系统，它可以实现减少汽车出行的目的。昆明是中国最早开通BRT的城市。

表3-5 国内开通BRT的部分城市及简要信息

省份	城市	开通时间	运营线路	备注
云南	昆明	1999年4月20日	1条	于2013年改为路侧公交专用道
北京	北京	2005年12月30日	4条	
天津	天津	2017年	3条	建设中
河南	郑州	2009年05月28日	5主+5区+1接驳+58支	

续表

省份	城市	开通时间	运营线路	备注
上海	上海	2017年2月1日	1主+1区	
江苏	常州	2008年01月01日	23条	
	盐城	2010年05月01日	8条	
	连云港	2012年10月01日	7条	
……				

（3）交通管理。交通管理措施能够增加路网的通行能力，提高路网的使用效率。

（4）运营措施。提高公共交通工具的服务能力、路网覆盖范围，可以增加公共交通的运输能力，吸引10%的汽车使用者乘坐公共交通。

（5）信息和宣传。研究表明，目标群体中能够减少约15%的汽车使用者。

（6）费用。简单的票制和低廉的票价能够吸引10%的汽车使用者选择公共交通出行。

二、国外减少汽车出行的软措施及实践

澳大利亚、英国、日本在推行绿色出行方面积累了一些颇具参考性的经验，并且取得了较好的实施效果。

1.澳大利亚的"自愿的出行行为改变"计划

早在20年前，珀斯通过个人化信息、建议和奖励等方式，与参与

者建立对话关系，引导和帮助个体改变出行方式。

个人化营销分为四个主要步骤。

第一步：通过电话和信函接触对象，区分出他们是不是环境友好型出行模式的定期使用者（Regular User，称为R），是对改变汽车出行模式感兴趣的（Interested，称为I）人，还是对改变出行模式根本不感兴趣的人（Non-Interested，称为N）。

第二步：对R和I群体的问题与要求做出激励的反应。

第三步：为R和I群体的参与者提供所需信息，如公交路线图、公交时刻表等，或者一些生活用品，如自行车水壶、供骑行或步行使用的背包等。

第四步：通过访问方式，使R和I群体确信选择公共交通工具的正确性。

据《国外减少汽车出行的政策与措施》介绍，珀斯实行的个人化营销计划，实施效果显著，汽车驾驶出行量降低了10%，公共交通出行增加了21%，而骑行则增加了91%。此后，该计划在昆士兰州推行，取得了相近的效果。

2.英国的"更明智选择"项目

为鼓励人们选择低污染的出行方式，1996年，英国确立了Travel Wise Initiative项目，2004年将其升级为Smarter Choice项目，被翻译为"更明智选择"项目。

项目的执行过程中，不断地向公众提供步行、骑行、乘坐公共交通、汽车合乘等信息，便于人们高效地选择自己喜欢的方式出行。同时，该项目非常关注特定目标人群，不断改进服务方式，为目标人群提供新的出行服务。

具体来说，Smarter Choice包括以下几项主要措施。

（1）工作和学习出行规划。1996年起，伯明翰等地建立了连接工作场所的巴士或轨道交通服务；为员工发放自行车出行补贴、公共交通信息和免息季节性车票信贷；改善自行车停车条件；改进工作场所的服务（如餐饮、取款机、便利店等）；压缩工作时长。

为学校出行计划采取的措施包括：特定的步行或自行车促进日；改进公共交通服务；提供校车服务；为住在邻区的学生制定汽车合乘计划；为儿童提供关于可持续出行的课程教育；改善学校周围的出行环境等。

（2）个人化出行规划及公共交通信息和营销。在诺丁山等地实施了个人出行计划，向公众提供进入市中心公共交通主要线路的袖珍时刻表、最邻近巴士站点的时刻表；向不乘坐公共交通的人提供为期一个月的公共交通的免费试用及其所在地区的步行和自行车路线图。

（3）出行宣传。提升公众对汽车出行负面效应的认识，激励人们思考自身的出行行为。

（4）汽车合乘和汽车会所。

（5）电话工作、电话会议和在家购物。

"更明智选择"项目的实施对英国交通流量产生了很大的影响：城市高峰时交通量减少了21%，非高峰时交通量减少了13%；非城市高峰时交通量削减了14%，非高峰时交通量削减了7%。

3.日本的流动管理及出行反馈项目

为了保护生态环境，日本的可持续城市交通战略包括四个方面：

（1）对城市活动系统进行增长管理；

（2）为抑制汽车保有量和提高营运效率而采取新的汽车化政策；

（3）采取交通需求管理政策；

（4）开发新一代的汽车和普及智能交通系统。

为了减少私家小汽车的使用，日本提出了多项硬性措施，包括道路收费、地区限制通行等，但是效果没有达到预期目标。为此，日本政府于1998年从澳大利亚引进了名为"流动管理和出行反馈"项目。

1999年"流动管理和出行反馈"项目在札幌实施试点研究，2000年由北海道发展局的公路部门提供资金帮助，在该地区进行了一项大规模的实验，后来又扩大到近畿地区，该项目的实施促使日本减少了19%的二氧化碳排放量，减少了18%的私家车使用，增加了50%的公共交通使用。

4.通过分析澳、英、日三国软交通政策，我们不难发现，它们之间存在着一些共性：

（1）促使人们自愿改变出行方式

由于人们对绿色出行和私家车出行对环境影响的认知有限，加之公共交通、骑行等对大众的吸引力不足，私家车的舒适性等原因，导致人们更愿意开车出行。而适当的鼓励政策能够"诱发"潜在的人群改变自己的出行方式。因此，给这部分人提供绿色出行方面的最新信息，激励他们先在出行这一日常行为中做出环境友好的选择。

（2）每个人都希望身体健康，并且环境整洁优美，但是随着汽车数量的增加，出行距离的加大，步行或者骑行的人反而会越来越少。只有当人们充分认识到出行方式与环境质量、自身健康的直接相关性后,才会希望改变这种状况,享受环境权益的同时承担一部分义务。顺应这样的要求,通过摆明道理的方式,让人们得到充足的信息,鼓励人们思考汽车对自身、社会和自然环境的影响,促使人们能够自愿、自主地决定是否践行绿色出行方式。

三、对我国交通政策导向的启示

从以上回顾与分析,可以发现软交通政策在减少汽车出行方面的积极作用。近十年来,我国国内汽车保有量急剧增加,到2017年7月,汽车保有量为2亿辆,千人汽车保有量在140辆左右,汽车年销量已连续8年世界第一,而且仍属于年轻的汽车消费市场。因此,借鉴部分发达国家和地区的交通发展经验教训,发展绿色交通,应是我国今后交通发展的必然选择。

第一,交通体系建设以生态文明观念为指导。《中共中央国务院关于加快推进生态文明建设的意见》明确提出,"节约资源是破解资源瓶颈约束、保护生态环境的首要之策。要深入推进全社会节能减排,在生产、流通、消费各环节大力发展循环经济,实现各类资源节约高效利用。"这将促使居民摒弃"以汽车为自由和富裕标志"的陈旧观念,转而将自行车视为时尚与健康的象征。

第二,落实现有鼓励绿色出行方式的政策措施,大力发展公共交通,改善行人与自行车的出行环境。

第三,改进公共交通信息与服务系统。

第四,通过言语沟通普及绿色出行意识与行为,向公众传播绿色出行知识、绿色出行观念,提供绿色出行设施、出行信息等。

第五节　鼓励绿色出行的经济措施

交通拥堵带来的"城市病",降低了人们的舒适感。有学者提出,按照目前我国一线城市的交通拥堵情况,出台诸如拥堵收费政策——在交通最繁忙路段的驾驶者支付一定费用,通过实施这一计划,初步估计拥堵路段的交通量会减少10%到30%。

根据价格机制调节供需平衡理论,城市道路通常是免费使用的。所以,人们的需求就多,这势必造成交通拥堵,增加交通时间成本,产生更多的燃油消耗与机动车尾气排放。

为了解决交通拥堵带来的负面影响,不少发达国家的城市通过经济手段调节道路上的车流量。它们在拥堵发生频率高的地区,对经过的车辆征收交通拥堵费,促使一部分不愿支出这笔费用的车主放弃开车进城,改用其他方式,从而缓解交通压力,减少污染物排放。

一般情况下,经济学家支持征收交通拥堵费。例如,1996年诺贝尔经济学奖得主、加拿大经济学家威廉·维克里就积极推动征收交通拥堵费。

一、伦敦交通拥堵收费（London Congestion Charge）

1.伦敦民众对征收拥堵费持支持的态度

按照1999年《大伦敦授权法案》,伦敦市长有权利通过征收交通拥堵费来减小交通流量。

在次年的市长选举期间,候选人肯·利文斯通(2000年5月4日—2008年5月4日任伦敦市长)提出了征收交通拥堵费的竞选口号,征收对象是进入伦敦中心区的车辆。

伦敦市政府很重视由交通引起的空气问题,在市政府的官方网站上,在醒目的位置开设了空气与交通的栏目,点开之后弹出的就是上面的内容,语言简单又明了:伦敦大约50%的空气污染由道路交通引起。由此可见,交通带来的空气污染问题在伦敦多么引人关注。

肯·利文斯通担任伦敦市长后,提出了一项关于交通的发展规划——《伦敦交通发展战略》。征收交通拥堵费是发展战略中一项重要的内容,大力发展公共交通、加强停车管理等也在战略规划中。该战略的目的是加快伦敦的公共交通运行速度,提高效率,改善伦敦中心区居民的生活质量。

交通拥堵费增加了市政府的财政收入,被用于改善公共交通环境。《战略》提出,伦敦的交通状况一旦得到改善,其将更富有竞争力,吸引更多的优质投资者,增强伦敦的经济活力。在当时的民意调查中,被咨询的民众中有九成人认为,很有必要征收交通拥堵费。

2.伦敦拥堵费征收时间及范围

起始时间:2003年2月17日清晨7点起。

范围:本顿维尔路、老街、商业街、塔桥路、大象城堡路和尤斯顿路围成的城区。2007年2月19日,拥堵收费区有所扩大,伦敦西区也纳入其中。收费区居民人口由原来的13.6万增加到23万。市长鲍里斯·约翰逊上台后,从2011年1月4日起,又把西区划了出去。之后,伦敦交通拥堵收费区又做了一些调整和变化。

根据新的伦敦交通发展战略规划,到2019年,伦敦超低排放区将减少50%的机动车尾气排放。

3.配套补充公共交通措施

为了减少征收交通拥堵费带来的负面影响,伦敦在原有8000辆公共汽车的基础上又增加了300辆公共汽车;同时,投放了一定数量的共享自行车。

二、伦敦交通拥堵费的征收及罚款

1.交通局负责征收拥堵费

伦敦交通局负责征收交通拥堵费,对计程车、警车、消防车、救护车不收费。免征车辆还包括每千米二氧化碳排放量低于75克或者达到"欧V"标准的汽车、9座(含)以上的客车、电动汽车、三轮摩托车、道路维护车,具体的收费时段从当地星期一到星期五7:00-18:00。这些时间以外,周末和公共节假日,是不收取拥堵费的。如果遇到极端天气或者人为事件,交通局有权决定暂时停止征收拥堵费。比如,2005年7月7日和8日,伦敦发生了恐怖袭击事件,这期间就暂停征费。2009年2月2日,由于暴雪也暂停征费一天。

伦敦市对大客车免收拥堵费,目的就是为了减少交通流量和空气污染。

2.拥堵费征收标准

根据tfl.gov.uk官方网站显示,交通拥堵费是每天11.5英镑。但是,如果用户花10英镑注册一个自动支付(AUTO PAY),每天的费用会降至10.5英镑。如果用户没有支付拥挤费,则会收到罚款通知(Penalty Charge Notice)。罚款的金额是130镑/张,需要在4周之内交齐。越早交越便宜,如果能在14天之内就交付罚款,会打50%折扣。如果超过28天才交纳罚款,罚款会增加到187英镑。

如果一个在收费区内的单位,拥有10辆以上汽车,征费还会获得一定的优惠。

每天进出收费区的车辆那么多,伦敦是如何找出"逃费"车辆的呢?原来,管理部门有一套"光学识别系统",也就是闭路电视摄像机网络,这套网络能够捕捉进入"拥堵收费区"车辆牌照,笼统地说就是摄像头对机动车的牌照进行自动拍摄,每次拍摄一张彩色照片和一张黑白照片,系统再将照片与车辆数据库进行自动对比,自动把逃费车辆挑选出来。

三、伦敦征收拥堵费的社会效益

1.车辆通过拥堵区域的时间明显缩短

伦敦征收交通拥堵费的第一天,在收费时段共有19万辆机动车进入收费区,比平时减少了25%。2003年10月23日,伦敦交通局发布的半年报告称,进入收费区的车辆比收费前的2002年同期减少了6万辆。其中,50%-60%改乘公共交通,20%-30%避免进入收费区,15%-

25%改为拼车。

伦敦交通局2007年6月的一份报告显示,根据长期监测,实施征收拥堵费政策后,区域内的车辆比之前减少了30%。出租车、公共汽车、自行车的数量增加迅猛。乘坐公共交通工具的人数也从之前的每日9万增加到11.6万,地铁的乘车人数增加了1%。

报告称,如果不征收交通拥堵费,伦敦中心地区的车速会从2003年初的每小时17千米下降到2006年的11.5千米。征收交通拥堵费让进入收费区的驾车者每千米比征费前节省了0.7分钟,相当于路上节省了30%的时间。

2.收费明显改善了空气质量

征收交通拥堵费后伦敦的空气质量得到明显改善。在交通拥堵费收费区,征费后的2003年与征费前的2002年比较,空气中的氮氧化物、可吸入颗粒物、二氧化碳浓度分别下降了13.4%、15.5%和16.4%。根据伦敦交通局2007的监测报告,在2003年到2006年期间,氮氧化物、二氧化碳、PM10的排放量分别下降了17%、3%和24%。

3.拥堵区的交通事故下降了37.3%

由于有更多的人乘坐公共汽车,公共汽车司机的驾驶技术娴熟,应急能力更强,在道路上的驾驶经验更加丰富,他们在道路上的综合表现都好于私家车车主,这就导致交通事故的下降。虽然机动车的交通事故有所下降,但是自行车的交通事故轻微上升,这是因为骑自行车的人增多了。在未征收交通拥堵费的2002年,收费区内发生了2598起交通施工,而征费后的2005年,仅发生1629起交通事故,交通事故下降了37.3%。

四、其他国家或城市征收拥堵费情况

新加坡从1975年便开始征收交通拥堵费，意大利的罗马从2001年开始征收。米兰从2012年开始征收拥堵费后，交通流量下降了30%，由交通引起的污染物也下降了30%。

2007年8月，瑞典斯德哥尔摩开始对市中心的车辆征收"道路拥堵费"。斯德哥尔摩人口约80万，每千人拥有约400辆汽车。然而，该城交通顺畅，空气清新，这与征收交通拥堵费有着密切的关系。

斯德哥尔摩有交通拥堵费无人收费站18座，分布在进入市中心的各个路口，所有机动车进出收费站时都会被自动摄像仪拍摄下来，获取车辆的牌号信息并输入收费系统，车主必须在规定时间内缴纳费用。据统计，征收交通拥堵费使斯德哥尔摩空气中的污染物减少了10%—14%，市中心的空气质量有了明显改善。

表3-6　国外主要城市交通拥堵费制度对比[①]

城市/国家	首尔	新加坡	伦敦	斯德哥尔摩
开征时间	1996年11月	1975年	2003年2月	2006年1月开始试点7个月，2007年8月正式开征
征收地区	通往市中心区的主干道路（南山1号及3号公路）	中心商业区至高速公路、主干路（130平方千米）	伦敦中心区（22平方千米）	主要商业、文化、行政聚集区（约34平方千米）

---

① 卢真、崔宇宁. 发达地区交通拥堵费制度比较及北京市方案探讨[J]. 经济研究参考，2016（34）：25-31.

续表

城市/国家	首尔	新加坡	伦敦	斯德哥尔摩
征收时间	周一至周五早上7时至21时,周六早上7时至15时	依据车流量的大小征收	周一至周五早上7时至18时,节假日不征收	周一至周五早上6时至18时29分,周末及七月假期不征收
免征范围	三人以上乘坐的小客车、公交车、出租车、货车、公务车辆、残疾人车辆免征拥堵费,小排量汽车拥堵费减半	救援车辆、军用车辆等	对摩托车、公交车、出租车、残疾人车辆、救援车、新能源汽车等免征拥堵费	自行车、应急车辆、出租车、环保车辆、公交车、摩托车及外国车辆等
征收标准	2000韩元	根据通行路段、时间、车流量以及车辆的种类收取,多为0.5—5新加坡元	一般为11.5英镑,区域内居民为1.15英镑。通过auto pay付款为10.5英镑	根据不同时间征收最多30克朗/次,每天每车最多征收105克朗
征收方式	收费站收费,以信用卡或现金付费	电子道路收费系统及IU装置,用银行卡付款	ANPR(拍照设备识别)系统和VRN数据库,多种方式付款,以自动付款系统为主	ANPR(拍照设备识别)系统,主要通过银行卡付款
罚款金额	10000韩元	10新元,若一个月内未交罚款,最高面临1000新元或拘禁一个月的处罚	14天内65英镑,14—28天内130英镑,28天后1.5倍的罚款,即对车主征收195英镑	500克朗
资金用途	支持公共交通系统的发展	投资道路及高速公路建设	支持本地区交通发展	道路建设以及部分公交投资补贴

五、其他经济措施

除了征收交通拥堵费以外,优惠公交票价、新能源车补贴、淘汰更新高排放车辆补贴等也对鼓励公众低碳出行发挥了积极作用。

1.厦门公交票价改革

2015年8月,厦门市机动车保有量接近130万辆,其中有汽车90万辆,年均增长20%以上,而该市的道路里程年均增长率仅有3.11%,城区主干道交通流量基本呈饱和状态。

为了鼓励市民搭乘公交车绿色出行,厦门公交从2006年至2011年实行了5次票价改革:学生卡可以享受5折优惠,65岁以上的老年人免费搭乘公交,票价1元刷卡8折,最高不超过2元。

厦门金旅公司是国内一流客车生产企业,这家公司从2002年起便开始研发新能源汽车,2008年至2015年底,新能源纯电车辆共销售4116台,分布在全国的43个市,其中纯电公交车辆1320台,遍布全国22个市的公交公司。新能源公交车辆5063台,遍布全国63个市。

根据规划,到2020年,厦门市实现"半小时交通圈",公共交通机动化出行率达到60%以上,有效缓解城市交通拥堵。"十三五"时期,厦门还进一步强化绿色交通发展,推进低碳交通试点城市建设,使清洁能源、新能源公交车比例达到40%。

2.北京重金淘汰高排放机动车

2008年北京奥运会后为了进一步改善大气质量,北京市以末位淘汰原则对黄标车采取限行和淘汰经济补助政策。2011年，北京市把机动车污染治理的触角伸向老旧机动车辆，研究建立老旧车辆淘汰机制，陆续淘汰约180万辆国Ⅰ、国Ⅱ老旧车辆。

以轻型汽油车为例，为进一步减少机动车排放污染，北京市通过贷款优惠的方式，鼓励国Ⅰ、国Ⅱ排放标准轻型汽油车淘汰更新，对2016年12月1日至2017年12月31日期间淘汰（转出本市和提前报废）国Ⅰ和国Ⅱ排放标准的轻型汽油车（燃料种类为汽油的小型、微型客车及轻型、微型货车）并更换新车的车主给予贷款优惠。

对于高排放的柴油货车，北京市2017年出台了《北京市促进高排放老旧柴油货运车淘汰补助方案》。官方数据显示，北京市重型柴油车占全市机动车保有量的4%左右，但其排放的氮氧化物和颗粒物分别占机动车排放总量的50%和90%以上。《方案》提出，在2017年9月21日至2019年9月20日期间，报废或转出的2013年7月1日之前柴油货运车的车主，可以领取最高10万元额度的政府补助。

第六节　北京居民出行改变

"绿色出行"这件事在百姓的日常生活中由来已久，在汽车被发明并且规模化生产以前，人们的短途出行不可谓不"绿色"：步行、坐轿子、骑马、马车、骑自行车等。一些地方还以"驴"作为代步工具。中国古代"八仙"的故事中，就有"张果老倒骑驴"的传说。据说,张果老骑的是一匹纸驴,他骑驴的时候脸朝后、背朝前。他的驴不是普通的驴,能"日行数万里",张果老休息的时候,将驴折叠起来,装进口袋,需要的时候,"则以冰噀之,还成驴矣"。这当然只是传说,我们却可以从中看出,驴在古代是一种很常见的交通工具。在《东郭先生和狼》的寓言故事中,"东郭先生牵着毛驴在路上走,毛驴背上驮着口袋"。驴又作为"货运"的工具了。显然,这样的出行方式虽然对环境的影响最小,但是效率低。

绿色出行既强调出行这一行为对环境影响要小,也就是节约能源、提高能效、减少污染,还要求出行的方式要有益于健康,并且兼顾效率。多乘坐公交车、地铁等公共交通,选择拼车、网约车、分时租车等共享方式,短距离采用步行或自行车等出行方式等,在日常生活中努力降低出行能源消耗与污染物排放就是绿色出行。

以北京市为例,20世纪80年代初期北京的汽车还很少,人们出门的距离也都不远,大多是骑自行车或者是坐公交车。慢慢地,随着经济的发展和城市化进程的推进,人们的活动半径扩大了,口袋里的钱也多了,人们对"更高、更远、更快"有了全面的追求。虽然没有缩短世界各地之间的距离,却大大缩短了人们完成一段行程所需要的时间。这其中,既有科技的快速发展,也伴随着大量的能源消耗,同时也产生了多种污染环境的物质。

一、机动车的快速增加带来了环境问题

1.北京市机动车数量变化

根据统计,新中国成立初期,北京市有机动车1757辆,私人拥有小汽车的数量为0。北京城的概念仅指东城、西城、宣武、崇文四个区；1980年，北京机动车保有量突破了10万辆，私人拥有小汽车的数量仍为0，那个时候，如果有哪个人有一万元的收入，都要光荣地被登上报纸，人们心目中北京城的概念稍稍扩展，但仍旧没有太大的变化；1990年，北京机动车保有量39万辆，私人拥有小汽车的数字是5120辆，城市的中心已经扩展到朝阳、海淀等地，北京的三环路开通近十年，车的数量也有所增加；2003年，北京机动车保有量超过210万辆；2009年突破400万辆。北京市自2011年实施小客车数量调控政策，实现了小客车数量合理有序增长，2011年1月至2017年11月底，小客车净增95.4万辆，年增速由2010年的24.3%降至2.4%。至2018年2月北京市机动车保有量为594万辆。

2.机动车与空气污染

2014年上半年，北京发布PM2.5来源解析的研究成果：北京全年PM2.5来源中，本地污染排放占64%～72%，其中，机动车、燃煤、工业生产、扬尘为主要来源，分别占31.1%、22.4%、18.1%和14.3%。也就是说，在北京本地污染来源中，机动车占比超3成，对PM2.5的"贡献"最大。

北京市环保局相关负责人表示：机动车排放的污染物类型最多，也最复杂。机动车不仅直接排放PM2.5，包括有机物（OM）和元素碳（EC）等细小颗粒物，同时还排放挥发性有机物（VOCs）、氮氧化物（NOx）等气态污染物，这些都是PM2.5中二次有机物和硝酸盐的"原材料"，同时也是造成大气氧化性增强的重要"催化剂"。机动车排放的污染在极端不利气象条件下，对PM2.5的"贡献"率更高。

数据显示，2007—2016年，在中非合作论坛、奥运会等几次重大活动期间，北京市采取了机动车单双号限行措施，对减排的贡献可达40%；在2015—2016年的两次红色预警期间，机动车单双号限行措施对减排的贡献平均在20%左右。

二、机动车的不合理使用及市民反思

1.机动车的不合理使用

汽车尾气污染如此严重，除了汽车总量增长过快外，与汽车和道路的分布结构也有很大关系。以北京市来说，机动车的80%集中在六环范围内，中心城区小汽车的出行比例超过30%。但世界上许多国家大城市的发展规律都是，城市外围广大空间是小汽车集中行驶区域。越是城市中心区，汽车的使用量越低。根据有关方面提供的资料，北京市私人小汽车的年均行驶里程达到1.5万千米，是伦敦的1.5倍、东京的2倍多。另有调查发现，北京小汽车每次出行在5千米以内距离的比例占40%，但这一距离通常更适合于自行车出行。由于过于依赖汽车和对自行车道的挤占，北京的自行车出行比例已经由1986年的62.7%下降到2009年的18.1%。

2.从少开一天车到绿色出行

机动车的数量突飞猛进地增长，城市交通拥堵让人苦不堪言，机动车带来的空气污染让一些有识之士看到了倡导绿色出行的必要性与紧迫性。2005年北京市组织了第一次"为了北京多一个蓝天，我们每月少开一天车"环保公益活动。公众头一次集体意识到"少开一天车也是做环保,这和垃圾分类、节约用水用电同等重要"。

一次活动的影响力毕竟有限,它就像平静的湖水被投入了一颗石子,虽然激起了一圈圈涟漪,但是很快又恢复了平静。为了将绿色出行的理念被广大公众接受并付诸行动,2006年至2017年,北京市环保部门与首都精神文明办公室持续合作,调动社会多方面力量,相继开展了"少开一天车""绿色驾驶"系列主题活动,倡导市民"三千米步行、五千米骑行、十千米公交"。在全市中小学校、高校、机关、社区,通过骑行、健步走、知识竞赛等多种方式为公众阐明绿色出行的现实意义,带动并鼓励市民以更加环保的方式出行。

综上所述,我们可知,居民出行方式的选择对于缓解城市交通压力、降低能源消耗和减少二氧化碳排放量具有重要意义。但是,目前我国大多数城市对绿色出行的推广还缺少系统性、常态化、能够持续下去的机制,居民的绿色出行行为并没有得到有效、常态化的引导。另一方面,从居民个体角度来说,绿色出行的自愿性还远远不够,其中深层次原因值得深入探讨。国内外学者研究指出,个体的态度和行为之间有许多干扰因素,比如心理因素、情境因素、社会规范等,即存在"态度—行为缺口"。如何将"关注环保—愿意环保—绿色出行—绿色生活"的各个环节打通,仍是一大难题。

三、北京市推动绿色出行的改进措施

对于个体而言,该如何选择能源效率高的交通工具呢?显然,如果单纯以消耗的能源和交通产出比来进行衡量的话,在一定的出行距离内,骑行和步行的能源消耗最少;大排量的机动车、私人飞机的能

源消耗较大，地铁、公共电车等交通工具的能源消耗居中。

为了鼓励更多的人选择骑行、步行，乘坐地铁、公交车等出行方式，2017年6月，北京市发改委联合腾讯网、北京环交所、北京节能低碳工程技术研究院联合启动了"我自愿每周再少开一天车"活动，每年准备了数百万元的礼包，邀请市民领取。

市民参与的方式也很便捷：持北京市牌照的机动车车主，先关注微信服务号"我自愿每周再少开一天车"，或小程序"北京市机动车自愿减排交易平台"，按要求完成注册后参与活动。

参与活动的机动车车主，通过交易平台的拍照功能，将开始停驶机动车时和下次使用机动车时的车辆仪表盘累计行驶里程信息拍照并上传。两次上传照片的车辆行驶里程基本一致，且停驶时间达到24小时的，认定为停驶一天；超过24小时整数倍的，就按整数的倍数认定停驶天数。

为此，北京市发改委开发了机动车自愿减排方法学，实现机动车减排数据的可计算、可复核。机动车按照排量1.6升（含）以下、1.6升（不含）至2.5升（含）、2.5升（不含）以上排量以及新能源汽车（纯电动车）分档，停驶一天可分别获得0.5元、0.6元、0.7元、0.2元的碳减排收益。也就是说，市民自愿停驶一辆中小排量的车一个月，能领到约15元的红包。

该活动为长期开展的低碳减排项目，至2017年12月活动上线半年时，已有5.9万车主注册，累计完成停驶34.94万车天。

为科学评估活动对车主机动车使用行为的影响效果，北京市发改委对运行数据进行了分析评估。结果表明，腾讯微信平台参与自愿停驶的用户在活动开始的第一个月，用户的平均有效停驶天数为8.1天，到第6个月,用户一个月平均有效停驶天数为10.5天,增幅近30%。

为确保通过平台交易的碳减排量真实有效,北京市发改委会同北京市相关部门对用户注册的车辆信息进行了筛查,并将提交不实信息的用户列入黑名单,截至2018年5月已累计发布八批黑名单,纳入黑名单的用户会被取消参与资格。

"我自愿每周再少开一天车"活动还在进行中,有研究对北京市的交通节能减排进行了长期的监测,绿色出行比例每增加一个百分点,北京市的能耗就降低7.5万吨标准煤,相当于减排30万吨的碳排放和减排50吨的氮氧化物。

四、提高中心城区绿色出行比例

北京市人民政府于2009年7月3日发布了《北京市建设人文交通科技交通绿色交通行动计划》,在这一框架下,北京市交通领域大力推动新能源和清洁能源车的应用,至2017年底,新能源、清洁能源车规模达14869辆,占比68.3%。北京公租自行车蓬勃发展,2017年达到30万辆左右。公租自行车的布局结合轨道交通站点与小区周边,解决了市民最后一千米的出行问题。中心城区绿色出行比例达到72%,平均交通指数控制在5.6以内,属于在"轻度拥堵"级别。

在建轨道交通里程达354.8千米,轨道交通路网日均客运量达1030.07万人次;定制公交、高铁快巴、旅游专线等多样化公交线路达到309条,其中快速直达专线增至140条,日均运力超2万人次。同时,北京市推广智慧交通,出台全国首个自动驾驶道路测试指导文件;17条绿波道路和1个绿波区域缓堵效果突出。

根据"十三五"规划纲要,北京轨道交通正在启动修编新一轮建设规划,运营总里程将提高到900千米以上,分担公共交通出行量的比例将超过55%,中心城轨道交通站点750米半径覆盖率要达到90%。到2020年,北京中心区域地铁密度将接近或达到巴黎、纽约、东京等城市水平,全市公交专用道里程将达到1000千米。同时,北京将引导自行车回归城市,形成连续成网的3200千米自行车道路。届时,中心城全日绿色出行比例将达到75%。

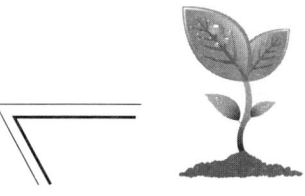

第四章

怎么做：如何开展绿色出行

绿色出行的实施受到多种因素的影响，其推广不是一蹴而就的，需要遵循科学的发展方式。绿色出行的有效实施，一方面依靠绿色交通系统的发展，另一方面需要社会各界的共同支持与参与。良好的顶层设计，建立科学、高效、系统的绿色交通体系，是其健康发展的基础；健全的管理体制、法律法规与行业技术标准是其有序实施的保障；而科技的支撑是其创新改革的根本。

第一节　绿色交通体系整体化发展

绿色交通体系的顶层规划，对于绿色出行至关重要。绿色交通体系包含步行交通、自行车交通、常规公共交通和轨道交通，其中的交通工具主要为低污染的交通工具，如天然气汽车、电动汽车、氢气动力车、太阳能汽车等。绿色交通系统的建设，应关注交通系统的整体规划与发展，完善基础设施网络化布局，包括建设多向联通的综合运输通道、构建高品质的快速交通网、强化高效率的普通干线网以及拓展广覆盖的基础服务网。

绿色交通体系的建设是多层次的，表现为不同地域范围或地形特点对应不同的绿色交通解决方案。例如，百万人口以下的城市可以重点发展慢行交通，保障公共交通服务质量，减缓机动车的增长并进行差异化停车政策等；百万至千万人口规模的大城市重点发展BRT等大容量公共交通服务，加强慢行交通与公共交通的衔接，严格小客车管理制度等；千万人口以上的超大城市则需加强轨道交通、大容量交通与慢行交通建设并加强各种交通的衔接与服务管理，严格控制机动车的增长与行驶管理等。以城市慢行系统为例，它主要由步行交通与自行车交通为主，衔接其他机动化交通，是短距离出行的优选方式。北京"一刻钟生活出行圈"就依赖于城市慢行系统。同时，绿色交通体系伴随着城市的发展而不断变化。以城市公交发展为例，根据城市常住人口数量的不同，《城市公共交通"十三五"发展纲要》对城市公交发展指标做出指导。

表4-1 "十三五"期间各类城市公交发展指标表[①]

	城区常住人口500万以上	城区常住人口300万-500万	城区常住人口100万-300万	城区常住人口100万以下
城市公共交通出行分担率（城市公共交通机动化出行分担率）	40%以上（60%左右）	30%以上（60%左右）	30%以上	20%以上
城市交通绿色出行分担率	75%左右	80%左右	80%左右	85%左右
城市公共交通乘客满意度	85%以上	85%以上	85%以上	85%以上
城市公共交通站点500米覆盖率	100%	100%	100%	80%以上

[①] 交通运输部2016年7月25日发布的《城市公共交通"十三五"发展纲要》。

续表

	城区常住人口 500万以上	城区常住人口 300万-500万	城区常住人口 100万-300万	城区常住人口 100万以下
城市公共交通站点300米覆盖率	80%以上	70%以上	—	—
城市公共汽车电车正点率	75%以上	75%以上	80%以上	85%以上
城市公共汽车电车责任事故死亡率	不超过0.04人/百万车千米	不超过0.04人/百万车千米	不超过0.04人/百万车千米	不超过0.05人/百万车千米
城市轨道交通责任事故死亡率	不超过0.01人/百万车千米	不超过0.01人/百万车千米	不超过0.01人/百万车千米	—
城市公共交通来车信息预报服务	建成区全覆盖	建成区内基本全覆盖	主要客运通道全覆盖	主要客运通道基本全覆盖

20世纪90年代，我国很多城市占地面积成倍扩大，环路、立体交通、轨道交通等建设起来，道路系统发生了巨大的变化。一直以来，我国交通系统在不断改进来适应城市的发展。但仅仅靠交通系统的一味迁就，诸多交通问题是无法解决的，只有城市与交通同步设计，才能从根本上解决这些问题。此外，绿色交通系统内部各要素间保持着动态变化，要对其持续优化与调节，来保持其良好运行。

2017年2月3日，国务院印发《"十三五"现代综合交通运输体系发展规划》（以下简称《规划》）提出，交通运输体系发展的基本原则为"衔接协调、便捷高效""适度超前、开放融合""创新驱动、安全绿色"。《规划》为交通运输体系的发展指明方向，"站在新的发展起点上，交通运输要准确把握经济发展新常态下的新形势、新要求，切实转变发展思路、方式和路径，优化结构、转换动能、补齐短板、提质增效，更好满足多元、舒适、便捷等客运需求和经济、可靠、高效等货运需求；要突出对'一带一路'建设、京津冀协同发展、长江经济带发展三大战略和新型城镇化、脱贫攻坚的支撑保障，着力消除瓶颈制约，提升运输服务的协同性和均等化水平；要更加注重提高交通安全和应急保障能力，提升绿色、低碳、集约发展水平；要适应国际发展新环境，提高国际通道保障能力和互联互通水平，有效支撑全方位对外开放"。《规划》为我国绿色交通体系的整体设计与发展绘制了蓝图，成为交通体系建设的重要依据。

一、基础设施网络化建设

道路等设施建设是交通发展的基础。绿色出行离不开四通八达的交通网络建设。《规划》提出"构建横贯东西、纵贯南北、内畅外通的'十纵十横'综合运输大通道，加快实施重点通道连通工程和延伸工程，强化中西部和东北地区通道建设"。

根据《中国交通运输发展报告2017》，以铁路系统为例，铁路作为交通运输体系的骨干，是国家重要的基础设施，在经济发展中发挥着重要的作用。国家铁路局发布的信息称，"目前我国50万人口以上城市达245个，中长距离客流较大，其中80%由铁路承担。"2017年铁路统计公报指出"全国铁路营业里程达12.7万千米，高铁营业里程达2.5万千米"，高铁运营里程占世界高铁量的66.3%，是全球最大的高速铁路网。

图4-1 全国铁路旅客发送量和全国铁路旅客周转量图

2016年国家发展改革委、交通运输部、中国铁路总公司发布《中长期铁路网规划》提出,"在'四纵四横'高速铁路的基础上,增加客流支撑、标准适宜、发展需要的高速铁路,部分利用时速200千米铁路,形成以'八纵八横'主通道为骨架、区域连接线衔接、城际铁路补充的高速铁路网,实现省会城市高速铁路通达、区际之间高效便捷相连"。在此规划下,我国铁路网络化建设加快了步伐。

2017年11月20日,国家发展改革委、交通运输部、国家铁路局、中国铁路总公司联合印发《铁路"十三五"发展规划》,要求"加强铁路基础设施网络建设,发挥铁路骨干优势作用,提升铁路运输服务品质，提高铁路发展质量和效益"。各个地区也相继提出一系列相关措施，如甘肃省印发《关于加快补齐发展短板促进经济社会协调健康发展的指导意见》，提出"到'十三五'末，全省铁路网主骨架基本建成，铁路运营里程达到7200千米，其中高速铁路达2000千米以上，市州铁路覆盖率达到100%"。

高效快捷的交通网络不仅需要高速铁路、高速公路及民用航空等高效交通网络，还需要与普通铁路、国道、航道等普通干线网络及省道、农村公路、直线铁路、直线航道等基础交通网络协同发展，才能形成广覆盖的综合交通网络体系。

二、交通枢纽优化布局

加快交通服务一体化建设，优化交通枢纽布局，提升客运服务安全便捷水平，对于绿色出行有着重大的影响力。《"十三五"现代综合交通运输体系发展规划》指出，"结合全国城镇体系布局，着力打造北京、上海、广州等国际性综合交通枢纽，加快建设全国性综合交通枢纽，积极建设区域性综合交通枢纽，优化完善综合交通枢纽布局，完善集疏运条件，提升枢纽一体化服务功能"。2016年5月，国家发改委印发《关于打造现代综合客运枢纽提高旅客出行质量效率的实施意见》，提出"为建设完善的现代交通运输体系，打造现代化综合客运枢纽"。2017年2月，国家发展改革委分别与重庆市、新疆维吾尔自治区和乌鲁木齐市、云南省和昆明市、四川省和成都市等签署合作框架协议，共同推进西部地区现代化综合交通枢纽示范城市建设。上海虹桥综合交通枢纽将被打造成全球最大的综合交通枢纽，可满足100万人在7种交通工具之间的转换。《2017年度中国主要城市公共交通大数据分析报告》显示,"超大城市中深圳公共交通出行服务指数排名最高,深圳在站点500米覆盖率、轨道衔接、公交开放水平方面表现优异;特大城市中成都公共交通出行服务指数排名第一,为0.610,其优势在于轨道衔接、公交开放水平两个方面;Ⅰ型大城市中,青岛公共交通出行服务指数是0.625,优于多数超大、特大型城市,主要与其公交开放水平高关系较大;Ⅱ型大城市中宁波、厦门公共交通出行服务指数分别达到0.633和0.628,优于特大城市和Ⅰ型大城市;中等城市中金华指数最高,为0.475,但由于轨道基础指数较弱,中等城市公共交通出行服务指数整体分数偏低"。同时,提升交通枢纽综合服务水平,打造开放式、立体化、零距离换乘的客运枢纽设施并不断完善交通标示与换乘信息互联共享系统与旅客票务服务系统,将有效促进整个交通体系的顺畅运行,实现高效、节能的绿色交通理念。

表4-2　全国主要城市公共交通综合指数排名

城市类型	城市	综合指数	类型排名
超大城市	深圳市	0.756	1
	广州市	0.641	2
	上海市	0.641	3
	北京市	0.595	4
	重庆市	0.572	5
	天津市	0.478	6

续表

城市类型	城市	综合指数	类型排名
特大城市	成都市	0.610	1
	沈阳市	0.591	2
	南京市	0.586	3
	武汉市	0.576	4
	哈尔滨市	0.536	5
Ⅰ型大城市	青岛市	0.625	1
	昆明市	0.625	2
	苏州市	0.607	3
	大连市	0.601	4
	杭州市	0.588	5
Ⅱ型大城市	宁波市	0.633	1
	厦门市	0.628	2
	贵阳市	0.572	3
	福州市	0.571	4
	东莞市	0.545	5
中等城市	金华市	0.475	1
	镇江市	0.407	2
	三亚市	0.381	3
	威海市	0.375	4
	牡丹江市	0.374	5

此外，城市群间的交通一体化建设在基础设施网络的协同、交通方式的便捷衔接、管理体制与机制的一致等方面具有突出的优势。以

京津冀交通一体化建设为例，三地交通设施统筹布局，以首都为核心，形成"1小时通勤圈"与"1小时交通圈"。便捷综合客运枢纽的建设，使换乘时间不超过10分钟。"联程联远"实现公交"一卡通"互联互通。城市群间的交通一体化发展使区域交通更为高效、便捷、安全与通畅。

绿色交通体系的建设需要从整体的角度，自上而下地协调、设计与实施。绿色交通体系应从节能低碳、生态保护、污染防治、节约资源等多个角度对传统交通进行优化与创新。政府在其中肩负着引导、规划与实施的重要责任与使命。2016年交通运输部办公厅关于发布《绿色交通标准体系（2016年）》为绿色交通体系制定了详细的规范，为绿色交通的测量与评估提供了依据。

第四章 怎么做：如何开展绿色出行

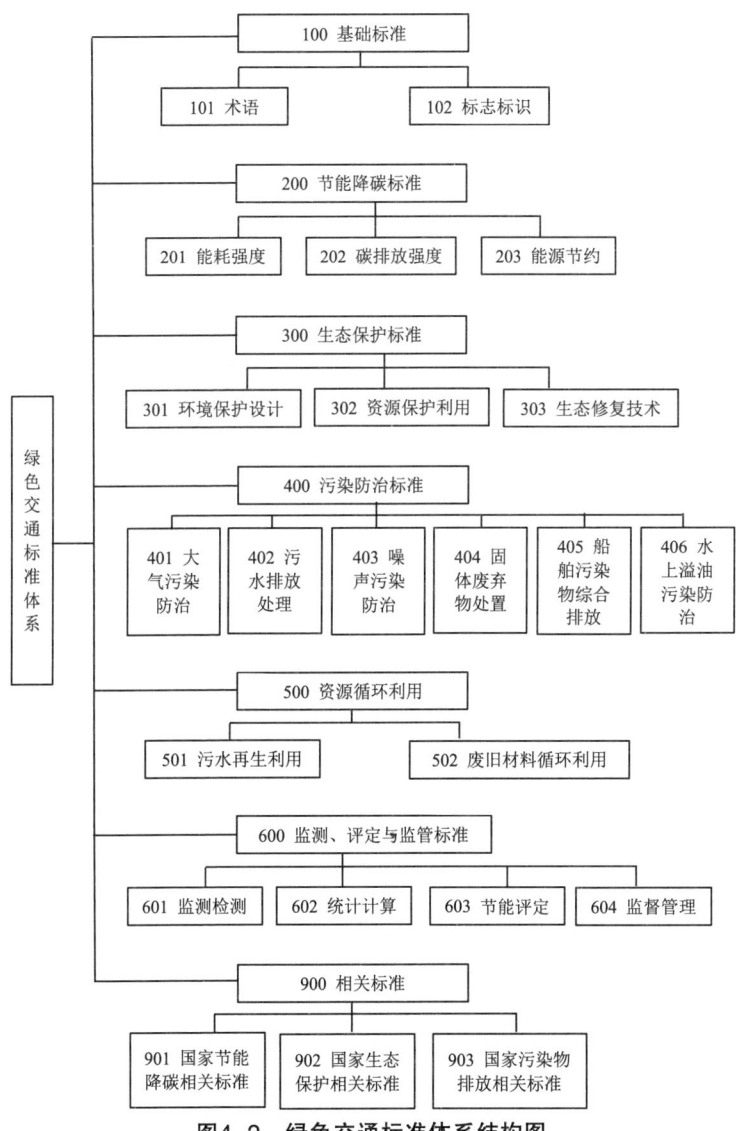

图4-2 绿色交通标准体系结构图

第二节 绿色交通管理健全化发展

伴随着交通的快速发展,我国交通管理从交通传统管理到交通系统管理,到交通需求管理,再到智能化交通管理。未来,交通管理还会伴随技术的革新进入新的时代。根据交通管理性质与内涵的不同,交通管理可分为交通行政管理、交通执法管理以及交通运行管理三类。

交通行政管理是政府和交通主管行政机构对交通发展进行的规划、控制、监督与指导,是推动绿色交通发展的重要执行机构,影响了交通发展规模与水平。科学的交通规划是绿色交通发展的前提。如果交通一味迎合城市化的进程,交通体系的建设就会繁杂无序。交通规划应与城市、区域发展规划结合在一起,构筑有序的交通网络建设布局。根据现实的交通状况,有效控制交通发展节奏,全面监督交通发展中的问题,并进行及时的指导与辅助是交通行政管理机构的重要任务。我国交通运输部在交通发展中承担了重要的职责。地方各级交通机构与相关部门也在发展中形成了各自的模式:以北京、广州、重庆等为代表的交通、市政、城建等部门联手的交通,实施交叉管理模式;以南京、成都、昆明为代表的城乡道路运输一体化管理模式;以哈尔滨、乌鲁木齐、沈阳为代表的"一城一交"综合交通管理模式,都在地方交通发展中发挥了重要的作用。未来,在交通系统一体化发展的趋势下,交通行政管理也会朝着交通行政管理一体化建设的方向发展。

第四章 怎么做：如何开展绿色出行

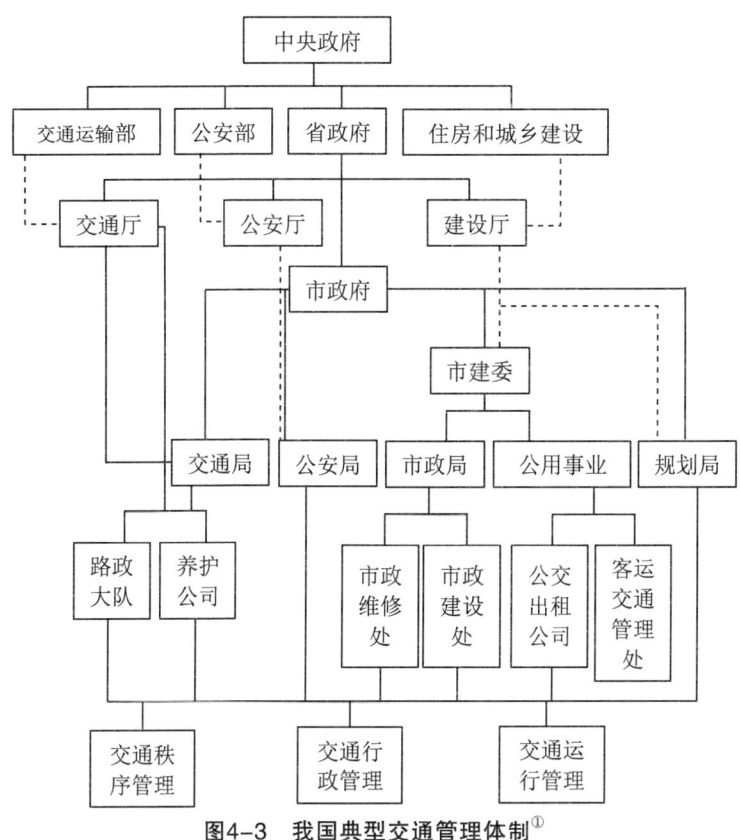

图4-3 我国典型交通管理体制①

交通执法管理是在交通法规的基础上，保障道路通畅、有序与安全。因此，交通执法管理的前提是交通管理法律法规体系的建立健全。《中华人民共和国道路交通安全法》是"为了维护道路交通秩序，预防和减少交通事故，保护人身安全，保护公民、法人和其他组织的财产安全及其他合法权益，提高通行效率"。自2003年制定以来，

---

① 吴兵、李晔. 交通管理与控制[M]. 北京：人民交通出版社，2009（1）：13.

2007年与2011年经历了两次修订,《中华人民共和国道路交通安全法》与相关实施条例成为我国交通执法的重要依据。除此之外,还有如《中华人民共和国公路法》《中华人民共和国海上交通安全法》《中华人民共和国航道法》《中华人民共和国道路运输条例》等交通法规,以及《城市轨道交通运营管理规定》《民用航空安全管理规定》《城市公共汽车和电车客运管理规定》等规章,共同形成了交通管理法律法规体系,形成了对交通工具、交通道路、交通环境、出行者等方方面面的保障。

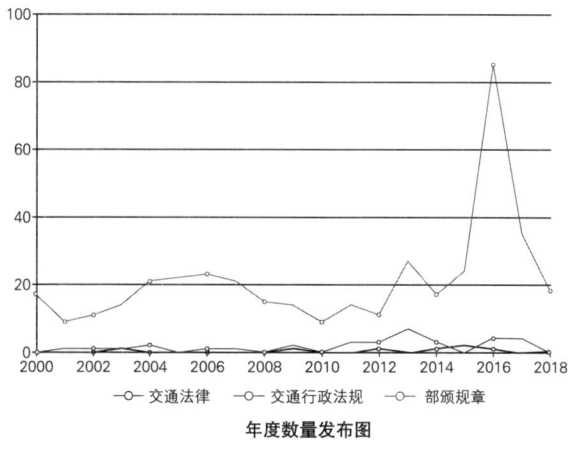

年度数量发布图

图4-4 我国交通法规年度数量统计图[①]

交通管理作为交通安全通畅的手段,是一个复杂的系统工程,需要与时俱进,也需要统筹规划与一体化建设。建立健全管理体制、法

---

① 中华人民共和国交通运输部. [EB/OL].[2020-01-15].http://219.143.235.26/LawSearch/listAnalysis.action?type=01

律法规与行业技术标准可有效保障绿色交通的有序发展。交通运行管理则直接体现出管理机构对于交通协调与处理的成效，关系整个交通系统效率的提高。以交通拥堵为例，交通基础设施的大规模建设并不能有效改善交通拥堵的现状，而是需要提升交通运行效率与服务功能。《2017年度中国主要城市交通分析报告》显示，"2017年全国26%的城市通勤高峰处于拥堵状态，55%的城市处于缓行状态，只有19%的城市不受高峰拥堵的影响。"（如图4-6）交通拥堵是一个复杂的问题，并不单纯由车辆增多造成，需要交通运行管理的协调与应对。例如，美国纽约市交通局通过智能交通系统提升曼哈顿CBD作为纽约严重堵车区域的交通疏导效率，配合其发达的公共交通系统，取得了较好的治理效果。交通运行管理包括对机动车、停车、信号控制等管理，常见的方法是分离法、限速法、疏导法、节能法等。例如自行车专用道、公交专用道等就是利用分离法实现绿色出行的高效便捷发展。交通管理是交通发展落地实施的执行环节，是交通效率提升与交通安全保障的关键因素，管理方法的不断创新将保障绿色出行的顺利实施。

第三节　绿色交通科技创新化发展

科技的支撑是绿色出行创新改革的根本。现代社会的发展主要依靠的就是科技的力量，在绿色交通方面科技也起着至关重要的作用。

科技的发展和应用能够满足人们出行要求的同时降低碳排放,提高环保性能。《"十三五"现代综合交通运输体系发展规划》要求,"在交通各个环节推进低碳技术发展,促进交通运输绿色发展"。绿色出行有关的交通技术创新,涉及交通工程、燃料、交通工具、交通环境等。

在交通基础设施建设过程中,重要交通工程建设是交通网络发展的关键。由于地形与气候原因,很多交通工程建设难度巨大,甚至是史无前例。例如,港珠澳大桥作为世界上最长的跨海大桥,是中国建设史上施工难度最大的跨海桥梁。港珠澳大桥拥有世界上最长的沉管隧道,33节沉管,每节都超过100米长,是沉管中的"巨无霸"。最终接头接入误差只允许在1.5厘米以内,而这个楔形钢筋混凝土结构,顶板长12米,重达6000吨。港珠澳大桥的建设架起了三地的陆路运输的通道,推动了泛珠三角地区交通网络发展。又如西藏墨脱公路、中巴友谊公路、昆山挂壁公路等一个又一个交通工程难题解决后,这些地区人民出行更为便捷与低碳,为该区域交通网络发展奠定了基础。在绿色发展中,交通工程建设上的创新与发展必须考虑节能减排及生态保护。《"十三五"现代综合交通运输体系发展规划》明确指出我国交通运输绿色化发展重点工程,引导我国交通体系向低碳节能、环境友好的方向发展。

读一读:《"十三五"现代综合交通运输体系发展规划》

1.交通节能减排工程

支持高速公路服务区充电桩、加气站,以及长江干线、西江干线、京杭运河沿岸加气站等配套设施规划与建设。推进原油、成品油码头油气回收治理，推进靠港船舶使用岸电。在京津冀、长三角、珠三角三大区域，开展船舶污染物排放治理，到2020年硫氧化物、氮氧化物、颗粒物年排放总量在2015年基础上分别下降65%、20%、30%。

2.交通装备绿色化工程

加快推进天然气等清洁运输装备、装卸设施以及纯电动、混合动力汽车应用，鼓励铁路推广使用交—直—交电力机车，逐步淘汰柴油发电车。加速淘汰一批长江等内河老旧客运、危险品运输船舶。

3.交通资源节约工程

提高土地和岸线利用效率，提升单位长度码头岸线设计通过能力。积极推广公路服务区和港口水资源综合循环利用。建设一批资源循环利用试点工程。

4.交通生态环保工程

建设一批港口、装卸站、船舶修造厂和船舶含油污水、生活污水、化学品洗舱水和垃圾等污染物的接收设施，并与城市公共转运处置设施衔接。在枢纽、高速公路服务区建设一批污水治理和循环利用设施。

在交通燃料创新方面主要是寻找替代燃料或提高燃料利用率。电动汽车就是替代燃料的例子，将汽油及柴油燃料替换为不排放二氧化碳的电能。随着交通技术的发展，以太阳能、风能、生物质能等清洁能源为动力的交通设施与交通工具不断涌现。此外，提高燃料利用率也可大幅度节约能源。据《中国科学技术发展报告2014》统计"我国混合动力客车技术主流产品的实际节油率超过20%"，"插电式混合动力轿车百千米综合油耗低至1.6升"，"新开发的燃料电池客车百千米氢气消耗仅为8千克"等，都显示了我国交通领域新技术为绿色交通发展带来的新希望。

交通工具发展的方向是能耗小、污染低或无污染与智能高效相结合。2017年全球首列虚拟轨道列车在湖南株洲试运营，该线路融合了现代有轨电车和公共汽车的优势，运量大又无须轨道建设。智能列车分为3节，采用储能电池充电，可以搭载300人，控制系统采用"虚拟轨道跟随控制"，车上装载各种识别路面虚拟轨道的传感器。除此之外，图像处理与图像识别技术、高速公路隧道智慧照明技术、汽车追尾预警技术都在积极探索应用。未来，集环境感知、交通决策、辅助驾驶等多种功能的智能新型环保交通工具将不断涌现，改变与颠覆人们现有的出行方式。

2016年，国家发展和改革委员会发布《国家重点节能低碳技术推广目录（2017年本，节能部分）》涉及交通等13各行业，260项节能技术，引导交通行业采用先进的节能新技术、新装备、新工艺，促进绿色低碳交通发展。未来交通环境也随着技术创新，整体发生变化。以共享单车的发展为例，目前共享单车企业开始研发生产共享助力车、共享汽车等出行工具，走出单一维度，实现共享出行一体化的完整产业链条，全方位覆盖绿色出行的不同开通方式，打造城市立体交通绿色出行解决方案。

第四章 怎么做：如何开展绿色出行

第四节 绿色出行面临的挑战与对策

目前，我国绿色出行面临着交通系统建设不完善，城市化交通需求增长与公共交通发展不同步，私家汽车需求增长与非机动化出行下降，以及交通拥堵、停车难、交通安全等问题，制约着绿色出行的发展。以交通拥堵为例，它会造成拥堵中的机动车消耗更多的燃料并排出大量污染气体。交通拥堵已成为城市交通的一种常见病症。北京在全国各城市的拥堵排名中一直位居前列。造成北京拥堵的原因很多，虽然北京市交通管理部门费尽心思，但是拥堵问题依然困扰着北京的居民。交通拥堵虽然复杂，但可以解决。世界上很多城市也都经历严重的交通拥堵，如伦敦、巴黎、东京等。20世纪50年代，东京交通严重拥堵。而伴随着东京轨道交通的发展，即使人口数量翻倍，机动车数量增长数倍，交通拥堵却降低了。如今，北京轨道交通网络也在不断扩张，但运量仅为东京地铁1/4。此外，城市中心汽车的拥有量控制，也可缓解交通拥堵。人口密度高的地区应严格控制私家车的数量，然而北京中央行政区人均拥有机动车的水平是东京核心区的两倍。同时，北京全市每车每天行驶里程达45千米，东京为19千米，也成为其中一个重要的影响因素。另外，北京中心区域道路的密度与布局也促进了交通拥堵。高德地图调查显示，北京金融街办公区的平均车道数为1.76，而香港旺角为2.1，这就使车道承载更多的车流，拥堵概率更大。再加上公共交通与住宅、商业发展不同步、居民出行陋习等也成为拥堵爆发的因素。交通拥堵即有历史原因，也有现实问题，解决起来困难重重。此外，停车难伴随车辆的增长也凸显出来。违规停车更是造成了道路变窄甚至堵塞。另外，交通安全作为公众出行选择的重要因素，也不容忽视。据国家统计局统计，2016年交通事故发生数总计212846起（如图），平均每日约发生580多起交通事故，其中机动车交通事故占比最大。伴随共享交通的发展，新的共享交通乘用人安全也引发社会关注。一方面，不安全的交通环境严重影响居民的平安出行；另一方面，交通安全需要公众遵守交通规则，车辆等各行其道，交通法规要严格遵守和执行。以上这些因素，都牵制着绿色出行发展的脚步。面对挑战，绿色出行不能脱离公众出行便利与舒适的需求，既要体现社会公平，提升出行品质，保障出行安全，又要兼顾个性化出行要求。

2016年交通事故发生数

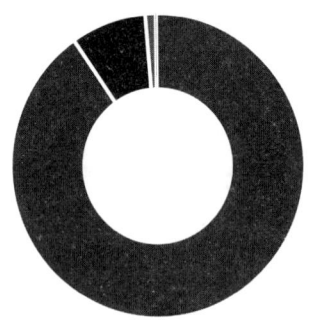

■ 机动车交通事故发生数(起)　　■ 非机动车交通事故发生数(起)
■ 行人乘车人交通事故发生数(起)　　■ 其他交通事故发生数(起)

图4-5　2016年交通事故构成图

第四章 怎么做：如何开展绿色出行

一、完善慢行系统建设

我国在城市化与机动化进程中，慢行系统发展受到冲击。慢行交通作为主动交通方式，关注步行、非机动车等，与绿色出行的理念相契合。慢行系统道路通常划分为步行道、自行车道与综合慢行道。慢行系统可以缓解一些城市交通、环境等问题，但其建设需要考虑地理环境、传统文化、土地利用等多种因素，以及交通模式、公共空间、政府策略、交通规划等影响。

步行作为最基本的交通形式，是公众出行中不可缺少的。慢行系统中，步行环境特别需要细致规划，如残障人士、老人等群体需求以及道路的安全性等。良好的步行系统，体现在与其他交通方式的便捷衔接、安全易行且被公众接受。以香港的空中步行网络为例，它在优良的公共交通系统的基础上，建成了600多条空中连廊、人行天桥、地下通道等，形成了较为完善的步行系统。

自行车作为一种节能的出行方式，在我国发展基础较好。20世纪七八十年代，我国有"自行车王国"之称。自行车的发展需要确立其在交通中的优先地位，如与机动车混行路段的交通限速、自行车专用道的划分、与公共交通系统的接驳等。近年，伴随着无桩共享单车的发展，自行车出行方式逐渐回归，尤其有效解决"最后一千米"问题。自行车的发展还需要关注自行车交通出行环境，如自行车道路状况、空气质量等，以及自行车基本路权的问题。

慢行系统可有效缓解交通压力，减少交通引发的环境污染，是践行绿色出行的重要方式。

二、发展大容量公共交通

公共交通如公共汽车、快速公交、地铁等是绿色出行的基础支撑。我国作为人口大国,交通需求不断增长,特别需要发展大容量公共交通。绿色出行的良好发展需要覆盖面广、衔接顺畅、安全可靠、服务优质、安全快捷的公共交通系统支持,同时需要扼制交通拥堵引发的负面影响。2016年交通运输部《城市公共交通"十三五"发展纲要》对我国城市公共交通到2020年的发展提出了具体指导意见。同时,公共交通的优先发展,需要科学的规划与政策的引导,从而优化公共交通网络,提高公共交通供给力,配合财政支持,加强综合公交综合枢纽建设,不断提高公共交通服务水平,构建绿色公共交通体系。

三、提升智能水平

智能化是未来交通发展的必然趋势,将贯穿于交通建设、运输服务、运行管理、决策支持、标准化等多个方面。2016年国家发展改革委与交通运输部发布《推进"互联网+"便捷交通促进智能交通发展的实施方案》为交通的智能深化发展提出个更为具体的目标,即"到2018年基本实现公众通过移动互联终端计时获取交通动态信息,掌上完成导航、票务和支付等客运全程'一站式'","基本实现重点城市群内'交通一卡通'互联互通"及"基本实现交通基础设施、运载工具、运行信息等互联网化"。智能化交通发展,将改变甚至变革传统的出行模式，为绿色出行带来新的希望。

四、鼓励公众参与

公众作为绿色出行的主体，其出行行为的选择最终成为绿色出行成败的关键。加强绿色出行的宣传引导，鼓励公众参与绿色出行十分必要。但公众参与不仅局限于提高公众绿色出行的认识，而且可以通过交通规划、服务与管理决策的公众参与，设计与发布更适合本地居民习惯的人性化公共交通解决方案。公众参与常表现为对于公共交通信息的获取，征询相关人员的意见与建议，通过互动沟通交换意见以及授权做出选择等方式。例如，瑞典的城市议会和交通机构在法律上要求公众参与设计和实施，可以有效避免违反公众意愿而推迟方案的尴尬。绿色出行最终回归到人，公众共同参与构建吸引人、方便、舒适、快捷的交通系统更为有效。

绿色出行的发展不是一蹴而就的，需要科学、合理的规划与布局，在管理中借鉴世界各城市的经验，吸收科技创新成果，完善慢行系统，大力发展公共交通，提升交通智能化水平，在公众的积极参与下共同缔造绿色出行的明天。

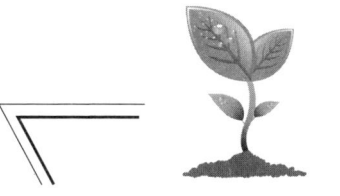

第五章

想一想：绿色出行的未来

随着科技的发展与时代的进步，绿色出行内涵也不断变化，而永恒不变的应是追求人类出行与自然环境的和谐发展。伴随着国际化进程的发展，国际交往日趋频繁，人们借助便利的交通往返穿梭，促使交通对于能源的消耗不断攀升，产生的交通污染越来越多。虽然，高新技术的发展为我们提供了更多可选择的交通工具与更为智能的交通系统。但是，理想的绿色出行仍然有赖于全社会共同的参与与支持。

第一节　绿色出行发展趋势

一、未来交通系统迈向智能化

交通在发展中不断与最新技术相结合，未来的交通系统也向智能化不断迈进。智能交通系统的建立成为全球关注的热点。智能交通系统集信息技术、计算机技术、控制技术与数据通信等先进技术于一身，在宏观上整体协调控制交通的运行，实现交通系统的系统性、交互性与服务性建设，提高交通效率，保障交通安全，提升环境友好度。在未来绿色出行的实施过程中，智能交通系统将是其发展的关键环节。智能交通系统通过信息化智能技术实现交通的智慧管理与调节，提高交通的通行能力和畅通性，由此减少能源消耗与污染排放。

智能交通的发展受到国家的高度重视。2017年5月,国家发展改革委与交通运输部共同签署《全面推进智能交通发展战略合作协议》,通过部门合作共同推进智能交通的发展,包括"完善智能交通发展顶层设计,协同推进智能交通发展战略实施,共同营造开放的智能交通技术开发应用环境,加强交通运输数据跨部门、跨地区、跨行业共享融合,推行'畅行中国'综合交通运输信息服务,推进智能交通创新能力建设和先进技术应用推广,联合开展相关领域研究工作,提升交通运输管理决策水平,推进交通运输行业转型升级和提质增效、服务模式创新和安全绿色水平提升"。

首都北京的智能交通系统建设走在全国的前列。截至2017年底,北京市机动车保有量达到564万辆,居全国第一。[①] 同年,国家统计局数据显示北京常住人口为2171万人。北京交通承载着巨大的交通出行压力。北京形成了"一个中心、三个平台、八大系统"为核心的智能交通系统体系。北京城市公交车辆实现卫星定位全覆盖,机场高速等7条高速公路实现视频监控及断面交通流检测全覆盖,智能化交通运行管理系统基本建成。北京交通管理指挥控制系统全天自动采集路面信息,在服务管理决策的同时显示实时动态路况,为路况发布与控制提供可靠依据,可以快速反应交通意外事件,提高交通效率。

世界各国都在探索各自的智能交通系统。2015年美国交通部制定了《国家智能交通系统2015-2019发展策略》,战略规划的主题为"改变社会移动的方式",将"实现车联网"与"推进车辆自动化"作为

[①] 人民网. 北京汽车保有量564万辆位居全国第一[EB/OL].(2018-01-16)[2020-01-15].http://bj.people.com.cn/n2/2018/0116/c82840-31149279.html

各部门当前及未来智能交通系统工作的主要技术驱动力。作为信息收集与发布的核心，信息管理中心在交通管理中发挥着重要作用。以美国休斯敦市的交通管理中心为例，其主要功能包括交通管理、紧急事件管理、事故管理和旅行者信息管理。当然，美国休斯敦市的交通管理中心并不是单兵作战，而是联合其他部门与资源共同合作。同时，智能交通系统研究评价、部署跟踪调查、部署后评估、项目评价、信息管理和信息转化的智能交通系统评价程序，使美国的智能交通系统不断完善。日本通过交通数据采集系统、交通信息发布系统与交通控制管理系统的协作，建立了全方位的智能交通系统。欧盟委员会发布"欧洲合作式智能交通系统战略"，实现汽车与汽车之间、汽车与道路设施之间的"智能沟通"，从而提升行车安全、交通效率以及驾驶的舒适性。

智能交通系统是一个复杂的动态系统，有赖于各个子系统的不断完善与子系统之间的高度配合，因此在发展过程中会遇到诸多问题。例如，我国在智能交通系统发展过程中面临网络布局不完善、城市内外衔接不畅、信息化共享水平不高、综合交通枢纽建设相对滞后等问题。智能交通系统的发展与完善过程，除了引进与借鉴先进技术，自主研发与集成应用符合我国国情的智能交通技术更为重要。另外，由于智能交通系统的庞大体系，仅依靠政府力量是远远不够的，更需要广泛的跨部门、跨领域的各种机构的密切合作。为了建立绿色、高效、可靠的交通系统，我国一直都在积极地探索与完善。

未来交通系统的智能化程度将不断提高，交通信息在系统中的收集与发布更加快速准确，交通管理与指挥在大数据时代更为人性化，交通效率在系统内部顺畅协作的基础上不断提升，为公众绿色出行奠定了坚实的基础。

二、未来交通技术迈向智能化

科技的迅猛发展,带来了交通技术的变革。未来交通在大数据时代下必然与信息技术紧密结合,使交通工具、交通管理、交通服务迈向智能时代。

交通工具是交通系统中的重要元素,通信、控制与嵌入式系统为其带来了新的活力。自动驾驶汽车已成为全世界关注的热点,知名的汽车企业与互联网企业都愿意斥巨资加入研发。自动驾驶汽车是高新技术的综合体,它以计算系统为基础,涵盖了自动控制、人工智能、模糊识别等多项技术。自动驾驶汽车一方面要具有智能的驾驶系统完成自身车辆的安全驾驶任务,另一方面要具有智能的识别系统来感知周围环境与道路状况来操控车辆到达目的地。自动驾驶汽车不等同于无人驾驶,无人驾驶是自动驾驶追求的最好境界。

读一读:[①]

美国国家公路交通安全管理局将自动驾驶功能分为5个级别,0-4级。

0级:无自动化,没有任何自动驾驶功能、技术,司机对汽车所有功能拥有绝对控制权。

1级:驾驶支援,向司机提供基本的技术性帮助,例如自适应巡航控制系统、自动紧急制动,司机占据主导位置,不过可以放弃部分

[①] 百度公共政策研究院.报告 | 中国自动驾驶汽车法律问题研究(一)[EB/OL]. (2018-04-16)[2020-01-15].https://baijiahao.baidu.com/s?id=1597880902854087488&wfr=spider&for=pc

控制权给系统管理。

2级：部分自动化，实现数种功能的自动控制，例如自动巡航控制或车道保持功能，司机和汽车来分享控制权，不过，司机必须随时待命，在系统退出的时候随时接上。

3级：有条件自动化，在有限情况下实现自动控制，系统在某些条件下可以完全负责整个车辆的操控，但是当遇到紧急情况，还是需要司机对车辆进行接管。

4级：完全自动化（无人驾驶），无须司机或乘客的干预，在无须人协助的情况下由出发地驶向目的地。

无人驾驶汽车从科幻影片的梦想照进了现实。美国、德国、英国等早在20世纪70年代就开始了无人驾驶汽车的研发。我国从20世纪80年代加入无人驾驶汽车的研发行列。1992年，我国第一辆无人驾驶汽车由国防科技大学研制成功。2005年，上海交通大学研发出首辆城市无人驾驶汽车。2011年，红旗HQ3无人驾驶汽车完成了286千米的全程无人驾驶实验，创造了无人驾驶汽车在复杂交通状况下无人自动驾驶的新纪录。2018年百度百余辆无人驾驶汽车在港珠澳大桥上展示无人驾驶模式下的"8"字交叉等驾驶动作。政策上，2017年12月18日，北京市交通委员会、北京市公安局公安交通管理局及北京市经济和信息化委员会联合发布《北京市关于加快推进自动驾驶车辆道路测试有关工作的指导意见（试行）》和《北京市自动驾驶车辆道路测试管理实施细则（试行）》，拉开了无人驾驶汽车道路测试的序幕。2018年3月，《上海市智能网联汽车道路测试管理办法（试行）》发布，并由上海市政府颁发了三张智能网联汽车开放道路测试号牌。无人驾驶汽车与百姓们的日常生活越来越近。

除了无人驾驶汽车的研发，无人驾驶已成为交通工具研发的必然趋势。无人驾驶轮船、无人驾驶民用航空器也如火如荼地研发设计中。此外，无人驾驶交通工具的研发带动了综合交通枢纽无人化发展。以青岛港全自动化集装箱码头为例，其作为世界最先进的全自动化集装箱码头，运送货物通过全自动化双小车桥吊、自动化引导小车、自动化轨道吊及箱门固定吊完成，在智能生产控制系统的指挥下井然有序地高效运行。因此，未来交通工具的变革必将带来整个交通系统运行的巨大变革。

未来，智能交通管理系统的发展将紧密、高效连接交通系统中的各个元素，实现信息实时、顺畅交互，对交通状况作出及时、准确的判断，为出行者提供快速、有效的交通信息。以新加坡为例，其整合交通管理系统是一个以交通信息中心为轴，连接公共汽车系统、出租车系统、城市捷运系统、城市轻轨系统、城市高速路监控信息系统、车速信息系统、电子收费系统、道路信息管理系统、优化交通信号系统、电子通信系统、车内导航系统等的综合性集成系统，实现了交通系统的高效运行。

在物联网、云计算、大数据、移动物联网等新技术的推动下，智能交通服务朝着更为人性化的方向迈进。以大数据为例，海量数据可以反映出行者的出行路径偏好与出行习惯，也可以为道路安全改善与道路规划设计提供帮助。目前，国内已有一些企业开启了交通服务平台例如打车软件、导航软件等，使出行者可以根据不同需求选择适合自己的个性化出行方式。未来，必定有更多诸如智能停车场、公共交通移动支付等服务商投入进来，使绿色出行更为便利。为出行者提供更加准确、个性、智能和完善的服务,是智能交通系统向公众服务发展的重要方向。

未来的智能交通系统的发展,在关注效率、安全、服务的同时,也更注重环境保护。未来,无论是交通工具的设计,还是交通系统的管理与运行,都在不断改进,从而减少能源的使用与污染物的排放,推进绿色出行。

第二节 鼓励绿色出行践行绿色发展

一、公众与绿色出行

公众参与是绿色出行行动的重要落脚点。未来,绿色出行发生任何变化,公众参与的深度和广度都决定了其成败。只有唤起出行主体的积极参与,绿色出行的目的才能达到,优势才能体现出来。伴随着公众对于绿色出行的关注,在政府引导下,绿色出行活动丰富多彩。

世界无车日成为每年绿色出行公众活动的亮点。1998年,法国国土整治和环境部长倡议开展"今天我在城里不开车"活动,受到了35个城市的热烈响应,自此发起了法国"市内无汽车日"。2000年,无车日倡议纳入欧盟环保政策框架内。随后,北美、南美和亚洲不少城市竞相效仿,将9月22日设立为"国际无车日"。目前,超过全球1000个城市开展过"无车日"活动。2007年,我国迎来了第一个世界无车日,主题为"绿色交通与健康"。自此,每年这一天,我国各地都围绕绿色交通开展公众宣传活动,激发公众的绿色出行热情。2017年9月22日"世界无车日",亦是"中国城市无车日",主题为"优选公交,绿色出行",将绿色出行推向新的高潮。当日,全国各地纷纷举行城市无车日活动。北京的主题为"绿色交通 共享出行",提倡共享出行解决方案,鼓励人们在市内以及城市间出行时使用共享交通工具,交通部门划定奥林匹克中心区、王府井大街、南锣鼓巷道路三个无车区域,活动区域仅对行人、自行车开放,除公交车外限制社会机动车通行。同时,河北石家庄市在当日举行免费乘车活动,邀请市民免费乘坐地铁。石家庄轨道公司通过其官方微信号、微博号对外发放1万张免费电子乘车券。山西太原市则要求公车要在当日停驶一天,并鼓励广大市民积极选用步行、自行车或公共交通等绿色交通出行方式。河南洛阳在城市无车日当天发布限行公告,在市区部分道路实行交通限行措施:"道路车辆单号行驶,双号禁行","实施公车封存"。四川成都市在当天划定了城市限行区域,并实施当日购买单程地铁票五折优惠措施。山东德州市开展了"绿色交通·共享出行"活动,设置无车区,封存公车,并开展多项绿色出行活动,鼓励市民绿色出行。

此外,全国各地通过各种形式积极践行绿色出行。首都北京着力改善绿色出行环境,据调查北京市民对绿色出行方式的认知度、绿色出行意愿和绿色出行方式选择在全国排名第一,最愿意绿色出行。"绿色出行畅通北京"交通宣讲团截至2016年9月,在社区、机关、企业和学校等开展600余场宣讲活动,讲解北京交通工作与绿色出行,受众达9万余人。为推动美丽四川、美丽中国典范城市建设,四川省成都举行"绿色出行·文明骑行"志愿服务活动,倡导绿色出行"三做"、文明骑行"六不"的倡议。2017年12月,河南郑州开展"远离雾霾,绿色出行"公益活动,倡导绿色出行,尽量不要使用私家车,多乘坐公交车或者使用共享单车出行。为让大家能够在蓝天白云下生活,尽情地自由呼吸,减少机动车污染驱散雾霾,郑州也加入到了单双号限行的队伍中。

同时,绿色出行活动在教育领域蓬勃开展。以北京为例,交通部门与六所学校共同开展"2016绿色出行进校园"活动,加强中学生绿色出行素养教育。全国大、中、小学及幼儿都不同程度地开展了丰富多彩的绿色出行活动,绿色出行理念在学生心中深深扎下了根。

绿色出行关系我们每一个人,需要大家共同的支持与努力。未来,公众参与绿色出行仍然是绿色出行实施的关键。加强绿色出行的科普宣传工作,通过公众乐于接受的宣传形式,向公众传递绿色出行理念,逐渐形成绿色出行文化氛围。

二、企业与绿色出行

绿色出行的前提是交通基础设施与服务等交通系统的支持。而未来交通系统在智慧化发展过程中,绝不是仅仅依靠政府交通部门一方支持,而是需要多个行业及社会各界力量的鼎力支持。

2016年3月8日财政部发布了《交通运输部关于推进交通运输领域政府购买服务的指导意见》,文件表明:"推进政府购买服务是中央对进一步转变职能、创新管理、深化改革作出的重大部署。交通运输是政府提供公共服务的重要领域之一,具有服务内容广泛、服务事项繁多、服务投入大等显著特点。通过引入市场机制,将公路水路交通运输领域部分政府公共服务事项从'直接提供'转为'购买服务',按照一定的方式和程序交由社会力量承担,有利于促进转变政府职能,加快推进交通运输治理体系和治理能力现代化;有利于激发市场活力,实现公共资源配置效率最大化,提高财政资金的使用效率;有利于调动社会力量参与交通运输领域治理、提供交通运输服务的积极性,构建多层次、多方式公路水路交通运输服务市场供给体系"。在政策的支持下,企业在交通领域必将更加活跃,展现更为多元化的发展方向。

"互联网+"时代,整个交通行业面临着颠覆性的变化。交通行业已经从原来的传统交通概念转变为互联网思维下的新交通行业。近年来,越来越多的互联网企业加入交通行业中,涉及车载设备、交通导航、交通地图、交通支付、交通服务平台等多个领域。传统的交通企业,也采用了互联网解决方案,在大数据技术的支持下,高效配置资源,提升交通预测准确度,改善客户服务体验。在交通低碳化、共享化、智能化的发展趋势下,企业在未来交通发展中发挥了巨大的作用,同时在交通的变革中又将面临各种挑战。以共享单车的发展为例,我国作为自行车生产与消费的大国,也是共享单车行业中的领军者。自从共享单车进入到无桩阶段,共享单车企业迎来了新的发展机遇,先后涌现了摩拜、ofo小黄车等众多共享单车品牌。2017年我国共享单车市场90%的份额被ofo小黄车与摩拜两家企业占据。其中,ofo小黄车用户年度累计骑行117.47亿千米,相当于种植25.9亿棵树,节省汽油59万吨,减少二氧化碳排放259万吨。① 共享单车成为短距

---

① 人民网.共享单车骑行活跃度持续上升[EB/OL].(2018-01-12)[2020-01-15].http://env.people.com.cn/n1/2018/0112/c1010-29760746.html

离出行优选解决方案之一,有效补充了公共交通。企业也在发展中获益,2017年6月摩拜完成了8亿美元融资,而ofo小黄车2017年7月完成超7亿美元E轮增资。随着共享单车海外运营的拓展,未来其正向有序化、国际化方向发展(如图5-1)。与此同时,共享单车企业在探索发展中也会遇到问题,如停放秩序、日常维护、共享安全等问题。在绿色出行、智慧交通的发展带动下,未来必将有更多的企业参与其中,以其高效、创新的研发能力与市场运作优势,助力绿色出行,引导环保新风尚。

此外,企业社会责任体现了企业对于社会与环境的责任。未来,越来越多的企业将用可持续发展理念贯穿于企业的全价值链,体现绿色生产、绿色消费、绿色出行等。社会的发展,促使企业更多地跨行业交互与合作,突破传统企业发展方式。企业在绿色出行推进中,将成为一个璀璨的新星。

图5-1　日本北九州街头ofo站点(图片拍摄:王瑾)

三、政府与绿色出行

政府作为社会责任的主要承担者，其作用的发挥对于国家的发展至关重要。我国政府高度重视推进绿色出行，使其逐渐渗透到社会的各个角落。在践行绿色出行的过程中，政府通过制定与发布相关政策，加强相关部门的管理、实施与监督作用，建设交通系统的基础设施，宣传绿色出行的科普知识等工作，引导社会各界积极参与绿色出行。

政策如风向标，指引着绿色出行不断前行。例如《交通运输部关于全面深入推进绿色交通发展的意见》指出，"到2020年，绿色出行比例显著提升，大中城市中心城区绿色出行比例达到70%以上，建成一批公交都市示范城市"，确定了"到2020年，初步建成布局科学、生态友好、清洁低碳、集约高效的绿色交通运输体系，绿色交通重点领域建设取得显著进展"的发展目标。

其次，政策推动绿色出行落地实施。比如《智慧交通让出行更便捷行动方案（2017—2020年）》明确提出了行动内容与工作要求，并列举了工作任务。

表5-1 智慧交通让出行更便捷行动方案（2017—2020年）重点任务

序号	任务内容		分年度工作目标
1	加快推进ETC拓展应用	2017年	印发《关于促进高速公路电子不停车收费（ETC）系统应用健康发展的指导意见》，ETC客车使用率达38%
		2018年	ETC客车使用率达42%
		2019年	ETC客车使用率达46%
		2020年	ETC客车使用率达50%

续表

序号	任务内容	分年度工作目标	
2	开展道路客运联网售票系统建设	2017年	实现道路客运联网售票二级及以上客运站覆盖率90%以上；完成京津冀道路客运信息联网服务工程主体建设，向社会正式推出京津冀区域道路客运联网售票服务
		2018年	基本完成全国32个省份的道路客运联网售票系统建设，继续推进跨省域联网售票服务
		2019年	基本实现全国道路客运联网售票统一服务，加快推进旅客联程运输服务，推动建立道路客运电子客票体系
		2020年	基本实现全国范围内旅客联程运输服务，推动道路客运电子客票体系应用
3	推动水上客运联网售票建设	2017年	基本实现三峡库区水上客运联网实名制售票
		2018年	基本实现渤海湾水上客运联网实名制售票
		2019年	基本实现台湾海峡、琼州海峡水上客运联网实名制售票
4	实施船员"口袋工程"	2017年	新增30万用户，服务船员总数达到120万
		2018年	为船员提供移动服务、自助服务业务办理，试点应用船员远程考试和远程培训
		2019年	拓展船员移动服务、自助服务业务办理功能，推广船员远程考试和远程培训
		2020年	基本实现全国130万余船员贴身服务
5	建设完善城市公交智能化应用系统	2017年	分批在36个试点城市开展城市公共交通智能化应用示范工程
		2018年	基本完成36个城市的城市公共交通智能化应用示范工程建设工作

续表

序号	任务内容	分年度工作目标	
5	建设完善城市公交智能化应用系统	2019年	以"十三五"期间新公布的公交都市创建城市为重点,推进城市公共交通智能系统建设应用
		2020年	国家公交都市创建城市公共交通智能系统得到充分应用
6	开展农村客运智能化应用示范	2017年	将农村客运APP应用列入部科技示范工程,完成贵州省内35个县市的示范工作
		2018年	推动示范工程实施,并在贵州省推广应用,覆盖贵州省88个县市的示范工作
		2019年	总结推广贵州省示范成果,在其他条件成熟地区启动推广
		2020年	在全国农村客运示范县和大部分县(市)普遍应用

另外,政策及时有效地解决绿色出行中遇到的问题。以《智能网联汽车道路测试管理规范》为例,其对测试主体、测试车辆、测试驾驶人、测试过程管理、测试道路,以及测试期间发生交通违法和交通事故如何处理等问题,作出了明确规定。及时地在智联网汽车发展中把握测试安全底线,防范安全事故,保障其健康有序发展。

在绿色出行发展中,政府通过政策宏观指导绿色交通行业发展,规范标准,推进绿色交通体系建立与完善,防范各类安全隐患等,促进未来交通健康发展。

践行绿色出行,实现绿色发展,是全社会共同的目标。让我们携手奋进,朝着这个目标不断前行,成为全球绿色出行的先锋力量!

参考文献

〔1〕 陈新平. 低碳财税政策〔M〕. 上海：立信会计出版社，2012：10.

〔2〕 交通运输部科学研究院. 促进绿色出行〔M〕. 北京：中国环境科学出版社，2016：51.

〔3〕 冀海波. 什么是绿色交通〔M〕. 南宁：广西美术出版社，2013：37.

〔4〕 连玉明. 中国生态文明发展报告〔M〕. 北京：当代中国出版社，2014：11.

〔5〕 梅娟，范钦华，赵由才. 交通运输领域温室气体减排与控制技术〔M〕. 北京：化学工业出版社，2009：6-8.

〔6〕 任皓. 新能源危机中的大国对策〔M〕. 北京：石油工业出版社，2014：5.

〔7〕 史丹. 中国能源利用效率问题研究〔M〕. 北京：经济管理出版社，2011：350.

〔8〕 石中元. 绿色生活面面观 衣食住行除污染〔M〕. 北京：金盾出版社，2002：116.

〔9〕 石飞. 可持续的城市机动性：公交导向与创新出行〔M〕. 江苏：东南大学出版社，2013：60.

〔10〕 吴兵,李晔. 交通管理与控制〔M〕. 北京:人民交通出版社,2009:12.

〔11〕 杨小川. 绿色发展〔M〕. 北京:同心出版社,2013:4-16.

〔12〕 严耕,杨志华. 生态文明的理论与系统建构〔M〕. 北京:中央编译出版社,2009:166.

〔13〕 中国智能城市建设与推进战略研究项目组编. 中国智能城市空间组织模式与智能交通发展战略研究〔M〕. 杭州:浙江大学出版社2016:156.

〔14〕 中华人民共和国交通运输部. 2011中国交通运输节能减排与低碳发展年度报告〔M〕. 北京:人民交通出版社,2012.

〔15〕 陈凯,梁皓凯,居民绿色出行的差异来源与表现 — 以北京市为例〔J〕. 软科学,2016,(11):109-113.

〔16〕 陈帅,张淼. 推进城市绿色交通发展的财政政策研究〔J〕. 物流工程与管理,2017,(6):118-121.

〔17〕 国合会"促进城市绿色出行"专题政策研究项目组. 促进城市绿色出行〔J〕. 环境与可持续发展,2014年,39(4):88-100.

〔18〕 黄卫. 构建绿色出行系统 积极打造"公交城市"〔J〕. 求是,2010,(6):21-23.

〔19〕 黄开顺. 共享单车发展现状、问题及对策研究〔J〕. 中国商论,2017年,(22):137-138.

〔20〕 侯纲,李冰. 城市低碳交通研究〔J〕. 生态经济(中文版),2011,(7):154-158.

〔21〕 何玉宏. 挑战、冲突与代价:中国走向汽车社会的忧思〔J〕.

中国软科学,2005,(12):67-75.

〔22〕 宋震,丛林.中国交通运输业能源效率及其影响因素研究〔J〕.交通运输系统工程与信息,2016,16(1):19-25.

〔23〕 唐孝炎.绿色出行与空气质量〔J〕.环境保护,2007年,(8):20.

〔24〕 李中东.伦敦:低碳汽车大行其道〔J〕.道路交通管理,2011,(12):55-56.

〔25〕 李振宇,尹志芳,廖凯,李超.北京居民自行车出行意愿调查与发展对策〔J〕.交通运输研究,2016,(6):14-22.

〔26〕 刘宇伟.国外减少汽车出行的政策与措施〔J〕.城市问题,2012,(9):86-90.

〔27〕 鲁立巍.低碳环保绿色出行〔J〕.低碳世界,2016,(32):19-20.

〔28〕 卢真,崔宇宁.发达地区交通拥堵费制度比较及北京市方案探讨〔J〕.经济研究参考,2016,(36).

〔29〕 王光荣.共享单车的交通价值与发展路径〔J〕.城市,2017,(4):72-75.

〔30〕 王晓原,单刚,鹿斌佐.公交主导发展战略和可持续发展〔J〕.城市问题,2008,(5):23-27.

〔31〕 习近平.决胜全面建成小康社会 夺取新时代中国特色社会主义伟大胜利 — 在中国共产党第十九次全国代表大会上的报告(2017年10月18日)〔J〕.美与时代,2017,(10):4-28..

〔32〕 肖德源,刘瑾.浅析老城区慢行系统的构建 — 以苏州环古城河慢行系统为例〔J〕.城市建设理论研究:电子版,2015,(2).

〔33〕 谢玮. BP世界能源统计年鉴发布〔J〕. 中国经济周刊，2016，（28）：73-74.

〔34〕 杨宝路，冯相昭，邹骥. 我国绿色出行现状分析及对策探讨〔J〕.环境保护，2013年，41（23）：39-40.

〔35〕 杨冉冉，龙如银. 绿色出行政策对我国的启示和借鉴〔J〕. 2013，41（19）：68-69.

〔36〕 伊文婧，朱跃中，田智宇. 交通节能对我国能源可持续发展的贡献〔J〕.《中国能源》，2017，（5）：29-33.

〔37〕 张扬，欧洲四国"绿色交通"考察〔J〕. 交通与运输，2017，（4）：60-62.

〔38〕 中华人民共和国国家统计局. 中华人民共和国2016年国民经济和社会发展统计公报〔J〕.中国统计，2017年，（2）：20-39.

〔39〕 中国环境与发展国际合作委员会. 中国环境与发展国际合作委员会2013年年会给中国政府的政策建议〔J〕. 环境与可持续发展，2014，39（4）：10-14.

〔40〕 中国智能城市建设与推进战略研究项目组，中国智能城市空间组织模式与智能交通发展战略研究〔J〕. 城市住宅，2017年，（4）.

〔41〕 周全，葛察忠，李红祥. 国际绿色交通经验及借鉴〔J〕.环境保护，2011，（22）：67-69.

〔42〕 周民良，周群. 绿色交通体系与生态城市建设：逻辑与思路〔J〕.江海学刊，2010，（2）：137-142.

〔43〕 周民良. 以绿色交通政策引导城市交通走向〔J〕.西部论丛，2010，（10）：41-43.

〔44〕 Anthony D. May 著,蒋中铭 译,欧洲绿色交通发展经验〔J〕.城市交通,2009,(11):17-22.

〔45〕 Ampt E. S. Understanding voluntary travel behavior change〔J〕.Transport Engineering in Australia,2004,(9):53-66.

〔46〕 G rling T. & Fuji S. Travel behavior modification: Theories, methods, and programs, The Expanding Sphere of Travel BehaviorResearch〔C〕the 11th international Conference on Travel BehaviorResearch,2009:97-128.

〔47〕 Priemus H. Reduction of car use: instruments of national and localpolicies-a Dutch perspective〔J〕. Environment and Planning B: Planning and Design,1995,(6):721-737.

〔48〕 Taylor M. Voluntary travel behavior change programs in Australia: The carrot rather than the stick in travel demand management〔J〕.International Journal of Sustainable Transportation,2007,(1):173-192.

〔49〕 巴西库里蒂巴公交.都市建设经验中国交通技术网〔J/OL〕. http://www.tranbbs.com.

〔50〕 北京应急网.2015年12月8日7时至12月10日12时启动空气重污染红色预警〔J/OL〕. http://www.bjyj.gov.cn/yj/t1209609.html.

〔51〕 国务院.国务院关于印发"十三五"现代综合交通运输体系发展规划的通知〔J/OL〕. http://www.gov.cn/zhengce/content/2017-02/28/content_5171345.htm,2017/02/28-2018-01-10.

参考文献

〔52〕 国家铁路局. 中国高速铁路〔J/OL〕. http://www.nra.gov.cn/755_1023/wggstlfzqk/.

〔53〕 国家统计局. 2016年年末总人口（万人）〔J/OL〕. http://data.stats.gov.cn/search.htm?s=%E4%BA%BA%E5%8F%A3.

〔54〕 公路局. 关于实施绿色公路建设的指导意见〔J/OL〕. http://zizhan.mot.gov.cn/zfxxgk/bnssj/glj/201608/t20160803_2071084.html, 2016/08/01-2018-01-10.

〔55〕 环境保护部. 全面提升生态文明 建设人与自然和谐共生的现代化〔J/OL〕. http://www.mep.gov.cn/gkml/hbb/qt/201712/t20171210_427677.htm, 2017/12/10-2018-01-10.

〔56〕 交通运输部. 关于全面深入推进绿色交通发展的意见〔J/OL〕. http://www.mot.gov.cn/zhengcejiedu/quanmiansrtjlsjtfz/xiangguanzhengce/201712/t20171206_2945939.html, 2017/11/27-2018-01-10.

〔57〕 任鑫恚. 厉害！全球首段光伏高速公路亮相 路面即"充电宝"〔J/OL〕. http://china.huanqiu.com/article/2017-12/11483613.html, 2017-12-29/2018-01-10.

〔58〕 人民网. 无人驾驶汽车路测新规发布〔J/OL〕. http://finance.people.com.cn/n1/2018/0413/c1004-29923142.html.

〔59〕 天气网. 雾霾对人体的危害 污染物"侵蚀"身体10大危害〔EB/OL〕. http://www.tianqi.com/news/163410.html, 2016-11-04/2018-01-10.

〔60〕 孙长宁. 新加坡计划2030年将高峰时段公共交通出行比例提高到75%〔EB/OL〕. http://www.tranbbs.com/news/cnnews/

news_123733. shtml,2013-10-08/2018-01-10.

〔61〕 搜狐新闻.发达国家怎样治理道路运输领域污染〔J/OL〕. http://news. sohu. com/20080619/n257614019. shtml.

〔62〕 搜狐网.北京智能交通系统发展状况及趋势分析〔J/OL〕. http://www. sohu. com/a/210428952_100073093.

〔63〕 搜狐网.美国智能交通系统的几个特点〔J/OL〕. http://www.sohu. com/a/125059071_472880.

〔64〕 新华网.欧洲将大规模配置合作式智能交通系统〔J/OL〕. http://www. xinhuanet. com/tech/2016-12/01/c_1120031726. htm.

〔65〕 搜狐网.〔研报〕2017年中国主要城市骑行报告(第4季度)暨全年大盘点正式发布〔J/OL〕. https://www. sohu. com/a/216562254_99949100.

〔66〕 新华网.《新华绿色出行指数调查报告(2017)》发布:北京居民最愿意绿色出行〔J/OL〕. http://www. xinhuanet. com/tech/2017-09/27/c_1121731782. htm.

〔67〕 新浪网新闻中心.我国城镇化率升至58.52〔J/OL〕. https://news. sina. com. cn/c/2018-02-05/doc-ifyreuzn2929243. shtml.

〔68〕 杨骏,刘锴.中国与世界共探"后《巴黎协定》"之路〔J/OL〕.http://news. xinhuanet. com/mrdx/2016-11/09/c_135816613.htm,2016-11-09/2018-01-10.

〔69〕 驻德国经商参处.2016年全球二氧化碳排放量几无增长〔EB/OL〕. http://www. ccchina. gov. cn/Detail. aspx?

newsId=64841,2016-11-16/2018-01-10.

〔70〕 周智宇. 挪威：靠石油富国 却在奋力绿色转型. 21经济网〔J/OL〕. http://www.21jingji.com.

〔71〕 中华人民共和国中央人民政府. 国务院关于印发"十三五"现代综合交通运输体系发展规划的通知〔J/OL〕. http://www.gov.cn/zhengce/content/2017-02/28/content_5171345.htm.

〔72〕 中国交通技术网. 新加坡ITMS（智能交通管理系统）发展介绍〔J/OL〕. http://www.tranbbs.com/Case/platform/Case_169092.shtml.

〔73〕 中国新闻网. 北京推出首批"绿色出行推广共建学校"〔J/OL〕.http://www.chinanews.com/gn/2016/09-11/8000923.shtml.

〔74〕 中国环境. 全文实录 | 环境保护部部长在国合会2017年年会全体会议上发表主旨演讲〔J/OL〕. https://app.cenews.com.cn/hjb/page/index.php?id=8018329.